e. 6.

FABLES

DE

LA FONTAINE

—

TOME I

JEAN DE LA FONTAINE

FABLES

DE

LA FONTAINE

ÉDITION ILLUSTRÉE

DE 75 PLANCHES A L'EAU-FORTE

PAR

A. DELIERRE

TOME PREMIER

PARIS

A. QUANTIN, IMPRIMEUR-ÉDITEUR

7, RUE SAINT-BENOIT

1883

NOTICE.

*Jean de la Fontaine naquit à Château-Thierry le 8 juillet 1621. Sa jeunesse oisive fut livrée aux plaisirs. Marié à une assez jolie femme, il la négligea, et le fils qu'il eut d'elle fut élevé par d'autres que par lui. Jusqu'à l'âge de trente-trois ans, il ne fit rien imprimer. Son premier essai n'est qu'une faible imitation de l'*Eunuque *de Térence. Un oncle de sa femme le présenta à Fouquet auquel il adressa un certain nombre de poésies légères, ballades, dizains et madrigaux et le* Songe de Vaux *(1657), mélange de prose et de vers resté inachevé et qui ne fut publié qu'en 1671, dans le recueil intitulé* Fables nouvelles et autres poésies.

Lorsque Fouquet eut été disgracié et jeté en prison, La Fontaine composa pour lui sa touchante Élégie *aux Nymphes de Vaux, destinée à fléchir Louis XIV. Elle parut sans indication de date, probablement en 1661.*

Quelques années plus tard, la duchesse de Bouillon, exilée à Château-Thierry, obtint du poète des contes en vers dont la première partie est de 1665, la seconde de 1666, la troisième de 1671, la quatrième de 1674.

Pour cette dernière partie, le privilège ayant été refusé, on dut l'imprimer secrètement, non plus à Paris, mais dans une ville de province, et la publier sous la rubrique de Mons. Elle fut interdite par arrêté de police.

Cependant La Fontaine, lié, depuis son arrivée à Paris, avec Racine, Molière et Boileau, voulut se montrer digne de tels émules et, comme eux, employer son talent à des œuvres sérieuses. Il se mit donc à écrire ses fables qui, avant même leur apparition, avaient conquis les suffrages des esprits les plus distingués du temps, La Rochefoucauld, Huet, Mmes de Sévigné et de La Fayette.

MAISON DE LA FONTAINE A CHATEAU-THIERRY

NOTICE.

Le premier recueil, contenant six livres, parut in-4° en 1668, orné des figures de Chauveau. Il était dédié au Dauphin et eut un grand succès. On en donna deux éditions, in-8° et in-12, la même année et l'année suivante. C'est aussi en 1669 que furent publiés les Amours de Psyché et de Cupidon, imitation libre et fort enjolivée d'un épisode de l'Ane d'or d'Apulée. La Fontaine les fit suivre, dans le même volume, du poème d'Adonis, l'une de ses premières productions, qu'il avait présenté manuscrit à Fouquet en 1658, avec une épître dédicatoire en prose.

Son second recueil de fables (1671), dédié au duc de Guise, gendre de la duchesse douairière d'Orléans, Marguerite de Lorraine, dont lui-même était gentilhomme, était accompagné de nombreuses élégies, où il célébrait ses amours, et d'autres pièces de vers adressées tant à la duchesse douairière qu'aux personnes de son entourage.

La même année, il prêta son nom à un Recueil de poésies chrétiennes et diverses, trois volumes in 12, où il n'y a de lui qu'une dédicace au prince de Conti et quelques pièces du tome III. Cet ouvrage eut pour résultat de le faire connaître aux solitaires de Port-Royal. A la prière de ces messieurs, il consentit à traiter un sujet de piété, la captivité de Saint-Malc. Avouons que le poème qu'il en tira (1673) est des plus ennuyeux. On a prétendu que la première édition fut supprimée parce que le poète, en dédiant son œuvre au cardinal de Bouillon, grand aumônier de France, lui avait donné à tort le titre d'Altesse sérénissime. C'est une erreur. Quoique ce livret soit rare, il en existe pourtant quelques exemplaires et l'Altesse y est traitée seulement d'éminentissime.

En 1678 furent publiées la troisième et la quatrième partie des fables, du livre VII au livre XI. Le nouveau recueil se terminait par un épilogue consacré à la louange du roi. Il était dit dans le privilège que le souverain voulait témoigner à l'auteur l'estime qu'il faisait de sa personne et de son mérite. En effet, Louis XIV le fit venir à Versailles, l'accueillit avec bonté et le combla de présents. On ajoute, il est vrai, que le distrait fabuliste perdit, à son retour, la bourse pleine d'or qu'il avait reçue et que l'on retrouva heureusement sous le coussin de la voiture qui l'avait ramené.

Après la mort de Marguerite de Lorraine, sa protectrice, La Fontaine trouva un asile chez Mme de la Sablière, où il fut, durant vingt années, hébergé et soigné comme un enfant à qui l'on épargne les soucis de la vie matérielle. C'est pendant cette période qu'il adressa diverses épîtres, soit à Turenne, soit à Mme de Montespan et à sa sœur, Mme de Thianges; mais la plus célèbre est l'épître à Mme de la Sablière, qu'il lut en séance publique à l'Académie, le jour où il fut appelé à y remplacer Colbert (1684).

Lorsque Perrault, par sa lecture à l'Académie du poème intitulé le Siècle de Louis le Grand, eut allumé la guerre entre les partisans des anciens et ceux des modernes, La Fontaine prit parti pour les premiers en adressant à Huet, alors évêque de Soissons, une épître (1687) où il expliquait à ravir sa façon d'imiter Grecs et Latins :

> Mon imitation n'est point un esclavage :
> Je ne prends que l'idée et les tours et les lois
> Que nos maîtres suivaient eux-mêmes autrefois.
> Si d'ailleurs quelque endroit plein chez eux d'excellence
> Peut entrer dans un vers sans nulle violence,
> Je l'y transporte et veux qu'il n'ait rien d'affecté,
> Tâchant de rendre mien cet air d'antiquité.

LE CHÂTEAU DE VAUX

Cinq années auparavant *(1683), à la sollicitation de la duchesse de Bouillon, il avait rimé en deux chants les bienfaits du quinquina. On regrette que, par complaisance ou amitié, il ait ainsi forcé son talent à s'essayer sur des sujets si peu poétiques.*

Il ne fut guère mieux inspiré lorsque, à la suite de La Fare, infidèle à Mme *de la Sablière, il se mit à fréquenter la Champmeslé et à composer avec le mari de cette comédienne des pièces de théâtre dont la paternité reste indécise entre eux :* la Coupe enchantée, Je vous prends sans vert, Astrée, Ragotin, le Florentin. *Ces pièces, publiées d'abord séparément,* Astrée *en 1691,* Je vous prends sans vert *et le* Florentin *en 1699,* Ragotin *en 1701, furent réunies pour la première fois en un volume in-12, à la Haye, par Adr. Moetjens, en 1702.*

Après s'être oublié quelque temps au théâtre, La Fontaine revint à des compositions qui allaient mieux à son talent, et on vit paraître, en 1685, deux volumes intitulés Ouvrages de prose et de poésie *des sieurs de Maucroix et de La Fontaine. Les deux auteurs y avaient mis en commun leur nom et leur renommée. Le plus illustre des deux devait bien ce sacrifice à l'ami dévoué qui lui avait élevé son fils et dont l'attachement devait le suivre jusqu'au tombeau. Parmi les morceaux les plus remarquables du recueil se trouve le conte de* Philémon et Baucis, *adressé au duc de Vendôme, l'arrière-petit-fils de Henri IV et qui fut, ainsi que son frère le grand prieur, un des protecteurs les plus généreux du poète.*

Recherché pour son génie, aimé pour son caractère, répandu dans le monde, s'intéressant à tout ce qui s'y passait, La Fontaine jouissait avec délices de tous les agréments de la vie.

NOTICE.

J'aime le jeu, l'amour, les livres, la musique,
La ville et la campagne, enfin tout; il n'est rien
Qui ne me soit souverain bien,
Jusqu'au sombre plaisir d'un cœur mélancolique.

Sa robuste constitution le maintint frais et dispos jusqu'en *1692*. Mais à ce moment une maladie mit ses jours en danger et le ramena aux idées religieuses.

Le sort réservait encore à notre poète quelques années d'existence. Il les consacra à son dernier livre de fables, le XIIe, dont la plupart sont adressées au vertueux duc de Bourgogne, l'élève de Fénelon. Elles parurent en *1694*. Ce fut le chant du cygne. La Fontaine, qui s'était retiré, après la mort de Mme de la Sablière, chez M. et Mme d'Hervart, rue Plâtrière, s'y éteignit dans leurs bras le *13 avril 1695*, à l'âge de soixante et treize ans neuf mois et cinq jours.

A

MONSEIGNEUR LE DAUPHIN

Monseignevr,

'IL y a quelque chose d'ingenieux dans la Republique des Lettres, on peut dire que c'est la maniere dont Esope a debité sa Morale. Il seroit veritablement à souhaiter que d'autres mains que les miennes y eussent ajoûté les ornemens de la Poësie ; puisque le plus sage des Anciens a jugé qu'ils n'y estoient pas inutiles. J'ose, Monseignevr, vous en presenter quelques Essais. C'est un Entre-

tien convenable à vos premieres années. Vous estes en un âge où l'amusement & les jeux sont permis aux Princes; mais en mesme temps vous devez donner quelques-unes de vos pensées à des réflexions serieuses. Tout cela se rencontre aux Fables que nous devons à Esope. L'apparence en est puerile, je le confesse; mais ces puerilitez servent d'envelope à des veritez importantes. Je ne doute point, MONSEIGNEVR, que vous ne regardiez favorablement des Inventions si utiles, & tout ensemble si agreables : car, que peut-on souhaiter davantage que ces deux poincts ? Ce sont eux qui ont introduit les Sciences parmy les hommes. Esope a trouvé un Art singulier de les joindre l'un avec l'autre. La lecture de son Ouvrage répand insensiblement dans une ame les semences de la vertu, & luy apprend à se connoistre, sans qu'elle s'apperçoive de cette étude, & tandis qu'elle croit faire toute autre chose. C'est une Adresse dont s'est servi tres-heureusement celuy sur lequel sa Majesté a jetté les yeux pour vous donner des Instructions. Il fait en sorte que vous apprenez sans peine, ou, pour mieux parler, avec plaisir, tout ce qui est necessaire qu'un Prince sçache. Nous esperons beaucoup de cette Conduite; mais à dire la verité, il y a des choses dont nous esperons infiniment davantage. Ce sont, MONSEIGNEVR, les qualitez que nostre Invincible Monarque vous a données avec la Naissance; c'est l'Exemple que tous les jours il vous donne. Quand vous le voyez former de si grands

Deſſeins; quand vous le conſiderez qui regarde ſans s'étonner l'agitation de l'Europe, & les machines qu'elle remuë pour le détourner de ſon entrepriſe; quand il penetre dés ſa premiere démarche juſques dans le cœur d'une Province où l'on trouve à chaque pas des Barrieres inſurmontables, & qu'il en ſubjugue une autre en huit jours, pendant la ſaiſon la plus ennemie de la guerre, lors que le repos & les plaiſirs regnent dans les Cours des autres Princes; quand non content de dompter les hommes, il veut triompher auſſi des Elemens; & quand au retour de cette Expedition où il a vaincu comme un Alexandre, vous le voyez gouverner ſes peuples comme un Auguſte; avoüez le vray, Monseigneur, vous ſoûpirez pour la gloire auſſi bien que luy, malgré l'impuiſſance de vos années; vous attendez avec impatience le temps où vous pourrez vous declarer ſon Rival dans l'amour de cette divine Maiſtreſſe. Vous ne l'attendez pas, Monseigneur, vous le prevenez. Je n'en veux pour témoignage que ces nobles inquietudes, cette vivacité, cette ardeur, ces marques d'eſprit, de courage, & de grandeur d'ame que vous faites paroiſtre à tous les momens. Certainement c'eſt une joye bien ſenſible à noſtre Monarque, mais c'eſt un ſpectacle bien agreable pour l'Vnivers, que de voir ainſi croiſtre une jeune Plante, qui couvrira un jour de ſon ombre tant de Peuples & de Nations. Je devrois m'étendre ſur ce ſujet; mais comme le deſſein que j'ay de vous divertir eſt plus proportionné à mes forces que celuy de vous loüer, je me haſte de venir aux Fables, & n'ajoûteray aux veritez que je vous ay dites que celles-cy : C'eſt, Monseigneur, que je ſuis avec un zele reſpectueux,

Voſtre tres-humble, tres-obeiſſant,
& tres-fidelle ſerviteur,

DE LA FONTAINE.

PREFACE

'INDULGENCE que l'on a euë pour quelques-unes de mes Fables, me donne lieu d'eſperer la meſme grace pour ce Recueil. Ce n'eſt pas qu'un des Maiſtres de noſtre Eloquence n'ait des-approuvé le deſſein de les mettre en Vers. Il a creu que leur principal ornement eſt de n'en avoir aucun, que d'ailleurs la contrainte de la Poëſie jointe à la ſeverité de noſtre Langue m'embaraſſoient en beaucoup d'endroits, & banniroient de la pluſpart de ces Recits la breveté qu'on peut fort bien appeller l'ame du Conte, puiſque ſans elle il faut neceſſairement qu'il languiſſe. Cette opinion ne ſçauroit partir que d'un homme d'excellent gouſt: je demanderois ſeulement qu'il en relaſchaſt quelque peu, & qu'il creuſt que les Graces Lacedemoniennes ne ſont pas tellement ennemies des Muſes Françoiſes, que l'on ne puiſſe ſouvent les faire marcher de compagnie.

Aprés tout, je n'ay entrepris la chofe que fur l'exemple, je ne veux pas dire des Anciens, qui ne tire point à confequence pour moy, mais fur celuy des Modernes. C'eft de tout temps, & chez tous les peuples qui font profeffion de Poëfie, que le Parnaffe a jugé cecy de fon Appanage. A peine les Fables qu'on attribuë à Efope virent le jour, que Socrate trouva à propos de les habiller des livrées des Mufes. Ce que Platon en rapporte eft fi agreable, que je ne puis m'empefcher d'en faire un des ornemens de cette Preface. Il dit que Socrate eftant condamné au dernier fupplice, l'on remit l'execution de l'Arreft à caufe de certaines Feftes. Cebes l'alla voir le jour de fa mort, Socrate luy dit que les Dieux l'avoient averty plufieurs fois pendant fon fommeil, qu'il devoit s'appliquer à la Mufique avant qu'il mouruft. Il n'avoit pas entendu d'abord ce que ce fonge fignifioit : car comme la Mufique ne rend pas l'homme meilleur, à quoy bon s'y attacher? Il faloit qu'il y euft du myftere là-deffous; d'autant plus que les Dieux ne fe laffoient point de luy envoyer la mefme infpiration. Elle luy eftoit encore venuë une de ces Feftes. Si bien qu'en fongeant aux chofes que le Ciel pouvoit exiger de luy, il s'eftoit avifé que la Mufique & la Poëfie ont tant de rapport, que poffible eftoit-ce de la derniere qu'il s'agiffoit : Il n'y a point de bonne Poëfie fans Harmonie; mais il n'y en a point non plus fans fiction; & Socrate ne fçavoit que dire la verité. Enfin il avoit trouvé un temperamment. C'eftoit de choifir des Fables qui continffent quelque chofe de veritable, telles que font celles d'Efope. Il employa donc à les mettre en Vers les derniers momens de fa vie.

Socrate n'eft pas le feul qui ait confideré comme fœurs, la Poëfie & nos Fables. Phedre a témoigné qu'il eftoit de ce fentiment; & par l'excellence de fon Ouvrage nous pouvons juger de celuy du Prince des Philofophes. Aprés Phedre, Avienus a traité le mefme fujet. Enfin les Modernes les ont fuivis, Nous en avons des exemples non-feulement chez les Eftrangers; mais chez nous. Il eft vray que lors que nos gens y ont travaillé, la Langue eftoit fi differente de ce qu'elle eft, qu'on ne les doit confiderer que comme Eftrangers. Cela ne m'a point détourné de mon Entreprife; au contraire, je me fuis flaté de l'efperance que fi je ne courois dans cette Carriere avec fuccez, on me donneroit au moins la gloire de l'avoir ouverte.

Il arrivera poffible que mon travail fera naiftre à d'autres perfonnes l'envie de porter la chofe plus loin. Tant s'en faut que cette matiere foit épuifée, qu'il refte encore plus de Fables à mettre en Vers, que je n'en ay mis. J'ay choifi veritablement les meilleures, c'eft-à-dire celles qui m'ont femblé telles. Mais outre que je puis m'eftre trompé dans mon choix, il ne fera pas difficile de donner un autre tour à celles-là mefme que j'ay choifies; & fi ce tour eft moins long, il fera fans doute plus approuvé. Quoy qu'il en arrive, on m'aura toûjours obligation; foit que ma temerité ait efté heureufe, & que je ne me fois point trop écarté du chemin qu'il faloit tenir, foit que j'aye feulement excité les autres à mieux faire.

Je penfe avoir juftifié fuffifamment mon deffein; quant à l'execution, le Public en fera juge. On ne trouvera pas icy l'élegance ny l'extréme breveté, qui rendent Phedre recommandable; ce font qualitez au deffus de ma portée. Comme il m'étoit impoffible de l'imiter en cela, j'ay crû qu'il faloit en recompenfe égayer l'Ouvrage plus qu'il n'a fait. Non que je le blafme d'en eftre demeuré dans ces termes : la Langue Latine n'en demandoit pas davantage; & fi l'on y veut prendre garde, on reconnoiftra dans cét Auteur le vray Caractere & le vray Genie de Terence. La fimplicité eft magnifique chez ces grands hommes : moy qui n'ay pas les perfections du langage comme ils les ont euës, je ne la puis élever à un fi haut point. Il a donc falu fe recompenfer d'ailleurs; c'eft ce que j'ay fait avec d'autant plus de hardieffe que Quintilien dit qu'on ne fçauroit trop égayer les Narrations. Il ne s'agit pas icy d'en apporter une raifon; c'eft affez que Quintilien l'ait dit. J'ay pourtant confideré que ces Fables eftant fceuës de tout le monde, je ne ferois rien fi je ne les rendois nouvelles par quelques traits qui en relevaffent le gouft. C'eft ce qu'on demande aujourd'huy. On veut de la nouveauté & de la gayeté. Je n'appelle pas gayeté ce qui excite le rire; mais un certain charme, un air agreable qu'on peut donner à toutes fortes de fujets, mefme les plus ferieux.

Mais ce n'eft pas tant par la forme que j'ay donnée à cét Ouvrage qu'on en doit mefurer le prix, que par fon utilité & par fa matiere. Car qu'y a-t-il de recommandable dans les productions de l'efprit, qui ne fe rencontre dans l'Apologue? C'eft quelque chofe de fi divin, que plufieurs perfonnages de l'Antiquité ont attribué la plus grande partie de ces Fables à Socrate, choififfant pour leur fervir de Pere, celuy des mortels qui avoit le plus de communication avec les Dieux. Je ne fçais comme ils n'ont point fait defcendre du Ciel ces mefmes Fables, & comme ils ne leur ont point affigné un Dieu qui en euft la Direction, ainfi qu'à la Poëfie & à l'Eloquence. Ce que je dis n'eft pas tout-à-fait fans fondement; puifque s'il m'eft permis de mefler ce que nous avons de plus facré parmy les erreurs du Paganifme, nous voyons que la Verité a parlé aux hommes par Paraboles; & la Parabole eft-elle autre chofe que l'Apologue; c'eft-à-dire, un exemple fabuleux, & qui s'infinuë avec d'autant plus de facilité & d'effet qu'il eft plus commun & plus familier? Qui ne nous propoferoit à imiter que les maiftres de la Sageſſe, nous fourniroit un ſujet d'excuſe ; il n'y en a point quand des Abeilles & des Fourmis ſont capables de cela meſme qu'on nous demande.

C'eſt pour ces raiſons que Platon ayant banny Homere de ſa Republique, y a donné à Eſope une place tres-honorable. Il ſouhaite que les enfans ſuccent ces Fables avec le lait : il recommande aux Nourrices de les leur apprendre ; car on ne ſçauroit s'accoûtumer de trop bonne-heure à la ſageſſe & à la vertu : Plûtoſt que d'eſtre reduits à corriger nos habitudes, il faut travailler à les rendre bonnes, pendant qu'elles ſont encore indifferentes au bien ou au mal. Or quelle methode y peut contribuër plus utilement que ces Fables ? Dites à un enfant que Craſſus allant contre les Parthes, s'engagea dans leur Païs ſans conſiderer comment il en ſortiroit : que cela le fit perir luy & ſon armée, quelque effort qu'il fiſt pour ſe retirer. Dites au meſme enfant, que le Renard & le Bouc deſcendirent au fond d'un puits pour y éteindre leur ſoif : que le Renard en ſortit s'eſtant ſervy des épaules & des cornes de ſon Camarade comme d'une échelle : au contraire le Bouc y demeura pour n'avoir pas eu tant de prévoyance, & par conſequent il faut conſiderer en toute choſe la fin. Je demande lequel de ces deux exemples fera le plus d'impreſſion ſur cét enfant, ne s'arreſtera-t-il pas au dernier, comme plus conforme & moins diſproportionné que l'autre à la petiteſſe de ſon eſprit ? Il ne faut pas m'alleguer que les penſées de l'enfance ſont d'elles-meſmes aſſez enfantines, ſans y joindre encore de nouvelles Badineries. Ces Badineries ne ſont telles qu'en apparence, car dans le fonds elles portent un ſens tres-ſolide. Et comme par la definition du Point, de la Ligne, de la Surface, & par d'autres principes tres-familiers nous parvenons à des connoiſſances qui meſurent enfin le Ciel & la Terre ; de meſme auſſi par les raiſonnemens, & confequences que l'on peut tirer de ces Fables on fe forme le jugement & les mœurs, on fe rend capable des grandes chofes.

Elles ne font pas feulement Morales ; elles donnent encore d'autres connoiffances. Les proprietez des Animaux, & leurs divers Caracteres y font exprimez ; par confequent les noftres auffi, puifque nous fommes l'abregé de ce qu'il y a de bon & de mauvais dans les creatures irraifonnables. Quand Promethée voulut former l'homme, il prit la qualité dominante de chaque Befte. De ces pieces fi différentes il compofa noftre efpece, il fit cét Ouvrage qu'on appelle le petit monde. Ainfi ces Fables font un Tableau où chacun de nous fe trouve dépeint. Ce qu'elles nous reprefentent, confirme les perfonnes d'âge avancé dans les connoiffances que l'ufage leur a données, & apprend aux enfans ce qu'il faut qu'ils fçachent. Comme ces derniers font nouveau-venus dans le monde, ils n'en connoiffent pas encore les habitans, ils ne fe connoiffent pas eux-mefmes. On ne les doit laiffer dans cette ignorance que le moins qu'on peut : il leur faut apprendre ce que c'eft qu'un Lion, un Renard, ainfi du refte ; & pourquoy l'on compare quelquefois un homme à ce Renard ou à ce Lion. C'eft à quoy les Fables travaillent : les premieres Notions de ces chofes proviennent d'elles.

J'ay déja paffé la longueur ordinaire des Prefaces ; cependant je n'ay pas encore rendu raifon de la conduite de mon Ouvrage. L'Apologue eft compofé de deux parties dont on peut appeller l'une le Corps, l'autre l'Ame. Le Corps eft la Fable, l'Ame la Moralité. Ariftote n'admet dans la Fable que les Animaux ; il en exclud les hommes & les Plantes. Cette Regle eft moins de neceffité que de bienfeance ; puifque ny Efope, ny Phedre, ny aucun des Fabuliftes ne l'a gardée ; tout au contraire de la Moralité dont aucun ne fe difpenfe. Que s'il m'eft arrivé de le faire, ce n'a efté que dans les endroits où elle n'a pû entrer avec grace, & où il eft aifé au Lecteur de la fuppléer. On ne confidere en France que ce qui plaift. C'eft la grande regle, & pour ainfi dire la feule. Je n'ay donc pas creu que ce fuft un crime de paffer par-deffus les anciennes Coûtumes, lors que je ne pouvois les mettre en ufage fans leur faire tort. Du temps d'Efope la Fable eftoit contée fimplement, la Moralité feparée, & toûjours en fuite. Phedre eft venu qui ne s'eft pas affujetty à cét Ordre : il embellit la Narration, & tranfporte quelquefois la Moralité de la fin au commencement. Quand il feroit neceffaire de luy trouver place, je ne manque à ce precepte que pour en obferver un qui n'eft pas moins important. C'eft Horace qui nous le donne. Cét Auteur ne veut pas qu'un Ecrivain s'opiniaftre contre l'incapacité de fon efprit, ny contre celle de fa matiere. Jamais, à ce qu'il prétend, un homme qui veut reüffir n'en vient jufques-là : il abandonne les chofes dont il voit bien qu'il ne fçauroit rien faire de bon.

Et quæ
Defperat tractata nitefcere poffe, relinquit.

C'eft ce que j'ay fait à l'égard de quelques Moralitez, du fuccez defquelles je n'ay pas bien efperé.

Il ne refte plus qu'à parler de la vie d'Efope. Je ne vois prefque perfonne qui ne tienne pour Fabuleufe celle que Planude nous a laiffée. On s'imagine que cét Auteur a voulu donner à fon Heros un Caractere, & des avantures qui répondiffent à fes Fables. Cela m'a paru d'abord fpecieux ; mais j'ay trouvé à la fin peu de certitude en cette Critique. Elle eft en partie fondée fur ce qui fe paffe entre Xantus & Efope : on y trouve trop de niaiferies : & qui eft le Sage à qui de pareilles chofes n'arrivent point ?

Toute la vie de Socrate n'a pas efté ferieufe. Ce qui me confirme en mon fentiment, c'eft que le Caractere que Planude donne à Efope, eft femblable à celuy que Plutarque luy a donné dans fon Banquet des fept-Sages, c'eft-à-dire d'un homme fubtil, & qui ne laiffe rien paffer. On me dira que le Banquet des fept-Sages eft auffi une invention. Il eft aifé de douter de tout : quant à moy je ne vois pas bien pourquoy Plutarque auroit voulu impofer à la pofterité dans ce Traité-là, luy qui fait profeffion d'eftre veritable par tout ailleurs, & de conferver à chacun fon Caractere. Quand cela feroit, je ne fçaurois que mentir fur la foy d'autruy; me croira-t-on moins que fi je m'arrefte à la mienne? car ce que je puis eft de compofer un tiffu de mes Conjectures, lequel j'intituleray, Vie d'Efope. Quelque vrayfemblable que je le rende, on ne s'y affeurera pas ; & Fable pour Fable le Lecteur preferera toûjours celle de Planude à la mienne.

LA VIE D'ESOPE

LE PHRYGIEN

ous n'avons rien d'affeuré touchant la naiffance d'Homere & d'Efope. A peine mefme fçait-on ce qui leur eft arrivé de plus remarquable. C'eft dequoy il y a lieu de s'étonner, veu que l'Hiftoire ne rejette pas des chofes moins agreables & moins neceffaires que celle-là. Tant de deftructeurs de Nations, tant de Princes fans merite ont trouvé des gens qui nous ont appris jufqu'aux moindres particularitez de leur vie, & nous ignorons les plus importantes de celles d'Efope & d'Homere, c'eft-à-dire des deux perfonnages qui ont le mieux merité des Siecles ſuivans. Car Homere

n'eſt pas ſeulement le Pere des Dieux, c'eſt auſſi celuy des bons Poëtes. Quant à Eſope, il me ſemble qu'on le devoit mettre au nombre des Sages, dont la Grece s'eſt tant vantée; luy qui enſeignoit la veritable Sageſſe, & qui l'enſeignoit avec bien plus d'art que ceux qui en donnent des Definitions & des Regles. On a veritablement recueilly les vies de ces deux grands Hommes; mais la pluſpart des Sçavans les tiennent toutes deux fabuleuſes; particulierement celle que Planude a écrite. Pour moy je n'ay pas voulu m'engager dans cette Critique. Comme Planude vivoit dans un ſiecle où la memoire des choſes arrivées à Eſope ne devoit pas eſtre encore éteinte, j'ay crû qu'il ſçavoit par tradition ce qu'il a laiſſé. Dans cette croyance je l'ay ſuivy, ſans retrancher de ce qu'il a dit d'Eſope que ce qui m'a ſemblé trop puerile, ou qui s'écartoit en quelque façon de la bien-ſeance.

Eſope eſtoit Phrygien, d'un Bourg appellé Amorium. Il nacquit vers la cinquante-ſeptiéme Olympiade, quelque deux cens ans aprés la fondation de Rome. On ne ſçauroit dire s'il eut ſujet de remercier la Nature, ou bien de ſe plaindre d'elle : car en le doüant d'un tres-bel eſprit, elle le fit naiſtre difforme & laid de viſage, ayant à peine figure d'homme ; juſqu'à luy refuſer preſque entierement l'uſage de la parole. Avec ces defauts, quand il n'auroit pas eſté de condition à eſtre Eſclave, il ne pouvoit manquer de le devenir. Au reſte ſon ame ſe maintint toûjours libre, & indépendante de la fortune. Le premier Maiſtre qu'il eut, l'envoya aux champs labourer la terre; ſoit qu'il le jugeaſt incapable de toute autre choſe, ſoit pour s'oſter de devant les yeux un objet ſi deſagreable. Or il arriva que ce Maiſtre eſtant allé voir ſa maiſon des champs, un Païſan lui donna des Figues : il les trouva belles, & les fit ſerrer fort ſoigneuſement, donnant ordre à ſon Sommelier appellé Agathopus, de les luy apporter au fortir du bain. Le hafard voulut qu'Efope eut affaire dans le logis. Auffi-toft qu'il fut entré Agathopus fe fervit de l'occafion, & mangea les Figues avec quelques-uns de fes Camarades; puis ils rejetterent cette friponnerie fur Efope, ne croyant pas qu'il fe puft jamais juftifier, tant il eftoit begue, & paroiffoit idiot. Les chaftimens dont les Anciens ufoient envers leurs Efclaves, eftoient fort cruels & cette faute tres-puniffable. Le pauvre Efope fe jetta aux pieds de fon Maiftre; & fe faifant entendre du mieux qu'il pût, il témoigna qu'il demandoit pour toute grace qu'on furfift de quelques momens fa punition. Cette grace luy ayant efté accordée, il alla querir de l'eau tiede, la bût en prefence de fon Seigneur, fe mit les doigts dans la bouche; & ce qui s'enfuit; fans rendre autre chofe que cette eau feule. Aprés s'eftre ainfi juftifié, il fit figne qu'on obligeaft les autres d'en faire autant. Chacun demeura furpris : on n'auroit pas crû qu'une telle invention pûft partir d'Efope. Agathopus & fes Camarades ne parurent point étonnez. Ils bûrent de l'eau comme le Phrygien avoit fait, & fe mirent les doigts dans la bouche; mais ils fe garderent bien de les enfoncer trop avant. L'eau ne laiffa pas d'agir, & de mettre en evidence les Figues toutes cruës encore, & toutes vermeilles. Par ce moyen Efope fe garantit; fes accufateurs furent punis doublement, pour leur gourmandife & pour leur méchanceté. Le lendemain aprés que leur Maiftre fut party, & le Phrygien eftant à fon travail ordinaire, quelques Voyageurs égarez (aucuns difent que c'eftoient des Preftres de Diane) le prierent au nom de Jupiter Hofpitalier, qu'il leur enfeignaft le chemin qui conduifoit à la Ville. Efope les obligea premierement de fe repofer à l'ombre; puis leur ayant prefenté une legere collation, il voulut eftre leur guide, & ne les quitta qu'aprés qu'il les eut remis dans leur chemin. Les bonnes gens leverent les mains au Ciel, & prierent

Jupiter de ne pas laiſſer cette action charitable ſans recompenſe. A peine Eſope les eut quittez, que le chaud & la laſſitude le contraignirent de s'endormir. Pendant ſon ſommeil il s'imagina que la fortune eſtoit debout devant luy, qui luy délioit la langue, & par meſme moyen luy faiſoit préſent de cét art dont on peut dire qu'il eſt l'Auteur. Réjouy de cette avanture il s'éveilla en ſurſaut; & en s'éveillant : Qu'eſt-cecy? dit-il, ma voix eſt devenuë libre; je prononce bien un raſteau, une charruë, tout ce que je veux. Cette merveille fut cauſe qu'il changea de Maiſtre. Car comme un certain Zenas qui eſtoit là en qualité d'Oeconome, & qui avoit l'œil ſur les Eſclaves, en eut battu un outrageuſement pour une faute qui ne le meritoit pas, Eſope ne put s'empeſcher de le reprendre; & le menaça que ſes mauvais traitemens feroient ſceus; Zenas pour le prevenir, & pour ſe vanger de luy, alla dire au Maiſtre qu'il eſtoit arrivé un prodige dans ſa maiſon : que le Phrygien avoit recouvré la parole ; mais que le méchant ne s'en ſervoit qu'à blaſphemer, & à médire de leur Seigneur. Le Maiſtre le crût, & paſſa bien plus avant, car il luy donna Eſope, avec liberté d'en faire ce qu'il voudroit. Zenas de retour aux champs, un Marchand l'alla trouver, & luy demanda ſi pour de l'argent il le vouloit accommoder de quelque Beſte de ſomme. Non pas cela, dit Zenas, je n'en ay pas le pouvoir ; mais je te vendray ſi tu veux un de nos Eſclaves. Là-deſſus ayant fait venir Eſope, le Marchand dit : Eſt-ce afin de te mocquer que tu me propoſes l'achapt de ce perſonnage ? On le prendroit pour un Outre. Dés que le Marchand eut ainſi parlé, il prit congé d'eux, partie murmurant, partie riant de ce bel objet. Eſope le rappella, & luy dit : Achepte-moy hardiment : je ne te feray pas inutile. Si tu as des enfans qui crient & qui ſoient méchans, ma mine les fera taire : on les menacera de moy comme de la Beſte. Cette raillerie plût au Marchand. Il

achepta noſtre Phrygien trois oboles, & dit en riant : Les
Dieux ſoient loüez ; je n'ay pas fait grande acquiſition à la
verité ; auſſi n'ay-je pas débourſé grand argent. Entre-
autres denrées, ce Marchand trafiquoit d'Eſclaves. Si bien
qu'allant à Epheſe pour ſe defaire de ceux qu'il avoit, ce que
chacun d'eux devoit porter pour la commodité du voyage
fut départy ſelon leur employ & ſelon leurs forces. Eſope pria
que l'on euſt égard à ſa taille ; qu'il eſtoit nouveau venu,
& devoit eſtre traité doucement. Tu ne porteras rien, ſi tu
veux, luy repartirent ſes Camarades. Eſope ſe picqua d'honneur, & voulut avoir ſa charge comme les autres. On le laiſſa
donc choiſir. Il prit le Panier au pain ; c'eſtoit le fardeau le
plus peſant. Chacun crût qu'il l'avoit fait par beſtiſe : mais
dés la diſnée le Panier fut entamé, & le Phrygien déchargé
d'autant ; ainſi le ſoir, & de meſme le lendemain ; de façon
qu'au bout de deux jours il marchoit à vuide. Le bon ſens
& le raiſonnement du perſonnage furent admirez. Quant au
Marchand, il ſe défit de tous ſes Eſclaves à la reſerve d'un
Grammairien, d'un Chantre, & d'Eſope, leſquels il alla
expoſer en vente à Samos. Avant que de les mener ſur la
place, il fit habiller les deux premiers le plus proprement
qu'il pût, comme chacun farde ſa marchandiſe. Eſope au
contraire ne fut veſtu que d'un ſac, & placé entre ſes deux
Compagnons, afin de leur donner luſtre. Quelques acheteurs
ſe preſenterent ; entre autres un Philoſophe appellé Xantus.
Il demanda au Grammairien & au Chantre ce qu'ils
ſçavoient faire : Tout, reprirent-ils. Cela fit rire le Phrygien,
on peut s'imaginer de quel air. Planude rapporte qu'il s'en
falut peu qu'on ne priſt la fuite, tant il fit une effroyable
grimace. Le Marchand fit ſon Chantre mille oboles, ſon
Grammairien trois mille, & en cas que l'on achetaſt l'un
des deux il devoit donner Eſope par deſſus le marché. La
cherté du Grammairien & du Chantre dégoûta Xantus.

Mais pour ne pas retourner chez foy fans avoir fait quelque emplete, fes difciples luy confeillerent d'acheter ce petit bout d'homme qui avoit ry de fi bonne grace : on en feroit un épouvantail : il divertiroit les gens par fa mine. Xantus fe laiffa perfuader, & fit prix d'Efope à foixante oboles. Il luy demanda devant que de l'acheter, à quoi il luy feroit propre ; comme il l'avoit demandé à fes Camarades. Efope répondit, à rien, puifque les deux autres avoient tout retenu pour eux. Les Commis de la Doüane remirent genereufement à Xantus le fol pour livre, & luy en donnerent quitance fans rien payer. Xantus avoit une femme de gouft affez délicat, & à qui toutes fortes de gens ne plaifoient pas ; fi bien que de luy aller prefenter ferieufement fon nouvel Efclave, il n'y avoit pas d'apparence ; à moins qu'il ne la vouluft mettre en colere, & fe faire mocquer de luy. Il jugea plus à propos d'en faire un fujet de plaifanterie ; & alla dire au logis qu'il venoit d'acheter un jeune Efclave le plus beau du monde & le mieux fait. Sur cette nouvelle les filles qui fervoient fa femme fe penferent battre à qui l'auroit pour fon ferviteur ; mais elles furent bien étonnées quand le Perfonnage parut. L'une fe mit la main devant les yeux, l'autre s'enfuit, l'autre fit un cry. La Maiftreffe du logis dit que c'eftoit pour la chaffer qu'on lui amenoit un tel Monftre : qu'il y avoit long-temps que le Philofophe fe laffoit d'elle. De parole en parole le differend s'échauffa, jufqu'à tel poinct que la femme demanda fon bien, & voulut fe retirer chez fes parens. Xantus fit tant par fa patience, & Efope par fon efprit, que les chofes s'accommoderent. On ne parla plus de s'en aller, & peut-être que l'accoûtumance effaça à la fin une partie de la laideur du nouvel Efclave. Je laifferay beaucoup de petites chofes où il fit paroiftre la vivacité de fon efprit : car quoy qu'on puiffe juger par là de fon Caractere, elles

font de trop peu de conſequence pour en informer la
poſterité. Voicy ſeulement un échantillon de ſon bon ſens
& de l'ignorance de ſon Maiſtre. Celuy-cy alla chez un
Jardinier ſe choiſir luy meſme une ſalade. Les herbes
cueillies, le Jardinier le pria de luy ſatisfaire l'eſprit ſur
une difficulté qui regardoit la Philoſophie auſſi-bien que le
Jardinage. C'eſt que les herbes qu'il plantoit & qu'il cultivoit
avec un grand ſoin ne profitoient point, tout au contraire
de celles que la terre produiſoit d'elle-meſme, ſans culture
ny amendement. Xantus rapporta le tout à la Providence,
comme on a coûtume de faire quand on eſt court. Eſope
ſe mit à rire ; & ayant tiré ſon Maiſtre à part, il lui conſeilla
de dire à ce Jardinier, qu'il luy avoit fait une réponſe ainſi
generale, parce que la queſtion n'eſtoit pas digne de luy ;
il le laiſſoit donc avec ſon garçon, qui aſſeurément le
ſatisferoit. Xantus s'eſtant allé promener d'un autre coſté
du Jardin, Eſope compara la terre à une femme, qui ayant
des enfans d'un premier mary, en épouſeroit un ſecond qui
auroit auſſi des enfans d'une autre femme : Sa nouvelle
Epouſe ne manqueroit pas de concevoir de l'averſion pour
ceux-cy, & leur oſteroit la nourriture, afin que les ſiens en
profitaſſent. Il en eſtoit ainſi de la terre, qui n'adoptoit
qu'avec peine les productions du travail & de la culture,
& qui reſervoit toute ſa tendreſſe & tous ſes bien-faits pour
les ſiennes ſeules, elle eſtoit maraſtre des unes & mere
paſſionnée des autres. Le Jardinier parut ſi content de
cette raiſon, qu'il offrit à Eſope tout ce qui eſtoit dans ſon
Jardin. Il arriva quelque temps aprés un grand differend
entre le Philoſophe & ſa Femme. Le Philoſophe eſtant de
feſtin mit à part quelques friandiſes ; & dit à Eſope. Va
porter cecy à ma bonne Amie. Eſope l'alla donner à une
petite Chienne qui eſtoit les delices de ſon Maiſtre. Xantus
de retour ne manqua pas de demander des nouvelles de

fon Prefent, & fi on l'avoit trouvé bon. Sa femme ne comprenoit rien à ce langage : On fit venir Efope pour l'éclaircir. Xantus qui ne cherchoit qu'un pretexte pour le faire battre, luy demanda s'il ne luy avoit pas dit expreffement : Va-t-en porter de ma part ces friandifes à ma bonne Amie ? Efope répondit là-deffus que la bonne amie n'eftoit pas la femme, qui pour la moindre parole menaçoit de faire un divorce, c'eftoit la Chienne qui enduroit tout, & qui revenoit faire careffes aprés qu'on l'avoit battuë. Le Philofophe demeura court ; mais fa femme entra dans une telle colere, qu'elle fe retira d'avec luy. Il n'y eut parent ny amy par qui Xantus ne luy fift parler, fans que les raifons ny les prieres y gagnaffent rien. Efope s'avifa d'un ftratagême. Il acheta force gibier comme pour une nopce confiderable, & fit tant qu'il fut rencontré par un des domeftiques de fa Maiftreffe. Celuy-cy luy demanda pourquoy tant d'apprefts. Efope lui dit, que fon Maiftre ne pouvant obliger fa femme de revenir, en alloit époufer une autre. Auffi-toft que la Dame fçeut cette nouvelle, elle retourna chez fon Mary par efprit de contradiction, ou par jaloufie. Ce ne fut pas fans la garder bonne à Efope, qui tous les jours faifoit de nouvelles pieces à fon Maiftre, & tous les jours fe fauvoit du chaftiment par quelque trait de fubtilité. Il n'eftoit pas poffible au Philofophe de le confondre. Un certain jour de marché, Xantus qui avoit deffein de regaler quelques-uns de fes Amis luy commanda d'acheter ce qu'il y auroit de meilleur, & rien autre chofe. Je t'apprendray, dit en foy-mefme le Phrygien, à fpecifier ce que tu fouhaites, fans t'en remettre à la difcretion d'un Efclave. Il n'acheta donc que des langues, lefquelles il fit accommoder à toutes les fauffes. L'Entrée, le Second, l'Entremets, tout ne fut que langues. Les Conviez loüerent d'abord le choix de ce Mets, à la fin ils s'en dégoûterent.

Ne t'ay-je pas commandé, dit Xantus, d'acheter ce qu'il y auroit de meilleur ? Et qu'y a-t-il de meilleur que la Langue ? reprit Efope. C'eſt le lien de la vie civile, la Clef des Sciences, l'Organe de la verité & de la raiſon. Par elle on baſtit les Villes, & on les police ; on inſtruit ; on perſuade ; on regne dans les Aſſemblées ; on s'acquitte du premier de tous les devoirs qui eſt de loüer les Dieux. Et bien (dit Xantus qui prétendoit l'attraper) achete-moy demain ce qui eſt de pire : ces meſmes perſonnes viendront chez moy, & je veux diverſifier. Le lendemain Efope ne fit ſervir que le meſme Mets, diſant que la Langue eſt la pire choſe qui ſoit au monde. C'eſt la Mere de tous debats, la Nourrice des procez, la ſource des diviſions & des guerres. Si l'on dit qu'elle eſt l'Organe de la Verité, c'eſt auſſi celuy de l'Erreur, & qui pis eſt de la Calomnie. Par elle on détruit les Villes, on perſuade de méchantes choſes. Si d'un coſté elle loüe les Dieux, de l'autre elle profere des Blaſphémes contre leur puiſſance. Quelqu'un de la compagnie dit à Xantus, que veritablement ce Valet luy eſtoit fort neceſſaire ; car il ſçavoit le mieux du monde exercer la patience d'un Philoſophe. Dequoy vous mettez-vous en peine ? reprit Efope. Et trouve-moy, dit Xantus, un homme qui ne ſe mette en peine de rien. Efope alla le lendemain ſur la place ; & voyant un Païſan qui regardoit toutes choſes avec la froideur & l'indifference d'une ſtatuë, il amena ce Païſan au logis. Voilà, dit-il à Xantus, l'homme ſans ſoucy que vous demandez. Xantus commanda à ſa femme de faire chauffer de l'eau, de la mettre dans un baſſin, puis de laver elle-meſme les pieds de ſon nouvel Hoſte. Le Païſan la laiſſa faire, quoy qu'il ſceuſt fort bien qu'il ne meritoit pas cét honneur ; mais il diſoit en luy-meſme : C'eſt peut-eſtre la coûtume d'en uſer ainſi. On le fit aſſeoir au haut-bout ; il prit ſa place ſans ceremonie. Pendant le repas, Xantus ne fit autre chose que blasmer son Cuisinier : rien ne luy plaisoit ; ce qui estoit doux il le trouvoit trop salé ; & ce qui estoit trop salé il le trouvoit doux. L'homme sans soucy le laissoit dire, & mangeoit de toutes ses dents. Au Dessert on mit sur la table un Gasteau que la femme du Philosophe avoit fait : Xantus le trouva mauvais, quoy qu'il fust tres-bon. Voilà dit-il, la patisserie la plus méchante que j'aye jamais mangée : il faut brûler l'Ouvriere ; car elle ne fera de sa vie rien qui vaille : qu'on apporte des fagots. Attendez, dit le Païsan ; je m'en vais querir ma femme ; on ne fera qu'un buscher pour toutes les deux. Ce dernier trait désarçonna le Philosophe & luy osta l'esperance de jamais attraper le Phrygien. Or ce n'estoit pas seulement avec son Maistre qu'Esope trouvoit occasion de rire & de dire de bons mots. Xantus l'avoit envoyé en certain endroit : il rencontra en chemin le Magistrat qui luy demanda où il alloit. Soit qu'Esope fust distrait, ou pour une autre raison, il répondit qu'il n'en sçavoit rien. Le Magistrat tenant à mépris & irreverence cette réponse, le fit mener en prison. Comme les Huissiers le conduisoient : Ne voyez-vous pas, dit-il, que j'ay tres-bien répondu ? Sçavois-je, qu'on me feroit aller où je vas ? Le Magistrat le fit relascher ; & trouva Xantus heureux d'avoir un Esclave si plein d'esprit. Xantus de sa part voyoit par là de quelle importance il luy estoit de ne point affranchir Esope ; & combien la possession d'un tel Esclave luy faisoit d'honneur. Mesme un jour, faisant la débauche avec ses disciples, Esope qui les servoit, vid que les fumées leur échauffoient déja la cervelle, aussi-bien au Maistre qu'aux Ecoliers. La débauche de vin, leur dit-il, a trois degrez ; le premier de volupté, le second d'yvrognerie, le troisiéme de fureur. On se mocqua de son observation, & on continua de vuider les pots. Xantus s'en donna jufqu'à perdre la raifon, & à fe vanter qu'il boiroit la Mer. Cela fit rire la Compagnie. Xantus foûtint ce qu'il avoit dit, gagea fa maifon qu'il boiroit la Mer toute entiere, & pour affeurance de la gageure il dépofa l'anneau qu'il avoit au doigt. Le jour fuivant, que les vapeurs de Bacchus furent diffipées, Xantus fut extremement furpris de ne plus trouver fon anneau, lequel il tenoit fort cher. Efope luy dit qu'il eftoit perdu, & que fa maifon l'eftoit auffi, par la gageure qu'il avoit faite. Voilà le Philofophe bien alarmé. Il pria Efope de luy enfeigner une défaite. Efope s'avifa de celle-cy. Quand le jour que l'on avoit pris pour l'execution de la gageure fut arrivé, tout le peuple de Samos accourut au rivage de la Mer pour eftre témoin de la honte du Philofophe. Celuy de fes Difciples qui avoit gagé contre luy triomphoit déja. Xantus dit à l'Affemblée : Meffieurs, j'ay gagé veritablement que je boirois toute la Mer, mais non pas les Fleuves qui entrent dedans : C'eft pourquoy que celui qui a gagé contre moy détourne leurs cours ; & puis je feray ce que je me fuis vanté de faire. Chacun admira l'expedient que Xantus avoit trouvé pour fortir à fon honneur d'un fi mauvais pas. Le Difciple confeffa qu'il eftoit vaincu, & demanda pardon à fon Maiftre. Xantus fut reconduit jufqu'en fon logis avec acclamations. Pour recompenfe Efope luy demanda la liberté. Xantus la luy refufa, & dit que le temps de l'affranchir n'eftoit pas encore venu : fi toutefois les Dieux l'ordonnoient ainfi, il y confentoit ; partant, qu'il prift garde au premier préfage qu'il auroit eftant forti du logis : s'il eftoit heureux, & que par exemple deux Corneilles fe prefentaffent à fa veuë, la liberté luy feroit donnée : s'il n'en voyoit qu'une, qu'il ne fe laffaft point d'eftre Efclave. Efope fortit auffitoft. Son Maiftre eftoit logé à l'écart, & apparemment vers un lieu couvert de grands arbres. A peine noftre Phrygien fut hors, qu'il apperceut deux Corneilles qui s'abatirent fur le plus haut. Il en alla avertir fon Maiftre, qui voulut voir luy-mefme s'il difoit vray. Tandis que Xantus venoit, l'une des Corneilles s'envola. Me tromperas-tu toûjours? dit-il à Efope : qu'on luy donne les eftrivieres. L'ordre fut executé. Pendant le fupplice du pauvre Efope on vint inviter Xantus à un repas : il promit qu'il s'y trouveroit. Helas ! s'écria Efope, les prefages font bien menteurs! moy qui ay veu deux Corneilles je fuis battu; mon Maiftre qui n'en a veu qu'une eft prié de nopces. Ce mot plût tellement à Xantus qu'il commanda qu'on ceffaft de foüetter Efope : mais quant à la liberté, il ne fe pouvoit refoudre à la luy donner; encore qu'il la luy promift en diverfes occafions. Un jour ils fe promenoient tous deux parmy de vieux monumens, confiderant avec beaucoup de plaifir les Infcriptions qu'on y avoit mifes. Xantus en apperceut une qu'il ne put entendre, quoy qu'il demeuraft long-temps à en chercher l'explication. Elle eftoit compofée des premieres lettres de certains mots. Le Philofophe avoüa ingenûment que cela paffoit fon efprit. Si je vous fais trouver un Trefor par le moyen de ces lettres, luy dit Efope, quelle recompenfe auray-je? Xantus luy promit la liberté, & la moitié du Trefor. Elles fignifient, pourfuivit Efope, qu'à quatre pas de cette Colomne nous en rencontrerons un. En effet ils le trouverent, aprés avoir creufé quelque peu dans terre. Le Philofophe fut fommé de tenir parole ; mais il reculoit toûjours. Les Dieux me gardent de t'affranchir, dit-il à Efope, que tu ne m'ayes donné avant cela l'intelligence de ces lettres : ce me fera un autre trefor plus precieux que celuy lequel nous avons trouvé. On les a icy gravées, pourfuivit Efope, comme eftant les premieres lettres de ces mots, Ἀπόβας βήματα, &c. c'eft-à-dire, *Si vous reculez quatre pas, & que vous creufiez, vous trouverez un trefor.*

Puifque tu es fi fubtil, repartit Xantus, j'aurois tort de me défaire de toy : n'efpere donc pas que je t'affranchiffe. Et moy, repliqua Esope, je vous denonceray au Roy Denys; car c'eft à luy que le Trefor appartient, & ces mefmes lettres commencent d'autres mots qui le fignifient. Le Philofophe intimidé dit au Phrygien qu'il prift fa part de l'argent, & qu'il n'en dift mot, dequoy Efope declara ne luy avoir aucune obligation, ces lettres ayant efté choifies de telle maniere qu'elles enfermoient un triple fens & fignifioient encore, *En vous en allant vous partagerez le Trefor que vous aurez rencontré.* Dés qu'ils furent de retour, Xantus commanda que l'on enfermaft le Phrygien, & que l'on luy mift les fers aux pieds de crainte qu'il n'allaft publier cette avanture. Helas! s'écria Efope, eft-ce ainsi que les Philofophes s'acquittent de leurs promeffes ? Mais faites ce que vous voudrez, il faudra que vous m'affranchiffiez malgré vous. Sa prediction fe trouva vraye. Il arriva un prodige qui mit fort en peine les Samiens. Un aigle enleva l'anneau public (c'eftoit apparemment quelque fceau que l'on appofoit aux deliberations du Confeil) & le fit tomber au fein d'un Efclave. Le Philofophe fut confulté là-deffus, & comme eftant Philofophe, & comme eftant un des premiers de la Republique. Il demanda temps, & eut recours à fon Oracle ordinaire ; c'eftoit Efope. Celuy-cy luy confeilla de le produire en public ; parce que s'il rencontroit bien, l'honneur en feroit toûjours à fon Maiftre ; finon, il n'y auroit que l'Efclave de blafmé. Xantus approuva la chofe, & le fit monter à la Tribune aux harangues. Dés qu'on le vid, chacun s'éclata de rire, perfonne ne s'imagina qu'il pûft rien partir de raifonnable d'un homme fait de cette maniere. Efope leur dit qu'il ne faloit pas confiderer la forme du vafe, mais la liqueur qui y eftoit enfermée. Les Samiens lui crierent qu'il dift donc fans crainte ce qu'il jugeoit de ce Prodige. Efope s'en excufa fur ce qu'il n'ofoit le faire. La fortune, difoit-il, avoit mis un debat de gloire entre le Maiftre & l'Efclave : fi l'Efclave difoit mal, il feroit battu ; s'il difoit mieux que le Maiftre, il feroit battu encore. Auffi-toft on preffa Xantus de l'affranchir. Le Philofophe refifta longtemps. A la fin le Prevoft de ville le menaça de le faire de fon office, & en vertu du pouvoir qu'il en avoit comme Magiftrat ; de façon que le Philofophe fut obligé de donner les mains. Cela fait, Efope dit que les Samiens eftoient menacez de fervitude par ce Prodige ; & que l'Aigle enlevant leur fceau ne fignifioit autre chofe qu'un Roy puiffant qui vouloit les affujettir. Peu de temps aprés Crefus Roy des Lydiens fit denoncer à ceux de Samos qu'ils euffent à fe rendre fes tributaires ; finon qu'il les y forceroit par les armes. La plufpart eftoient d'avis qu'on luy obeïft. Efope leur dit que la Fortune prefentoit deux chemins aux hommes ; l'un de liberté rude & épineux au commencement, mais dans la fuite tres-agreable ; l'autre d'Efclavage dont les commencemens eftoient plus aifez, mais la fuite laborieufe. C'eftoit confeiller affez intelligiblement aux Samiens de défendre leur liberté. Ils renvoyerent l'Ambaffadeur de Crefus avec peu de fatisfaction. Crefus fe mit en eftat de les attaquer. L'Ambaffadeur luy dit que tant qu'ils auroient Efope avec eux il auroit peine à les reduire à fes volontez, veu la confiance qu'ils avoient au bon fens du Perfonnage. Crefus le leur envoya demander, avec promeffe de leur laiffer la liberté s'ils le luy livroient. Les principaux de la Ville trouverent ces conditions avantageufes, & ne crûrent pas que leur repos leur coûtaft trop cher quand ils l'acheteroient aux dépens d'Efope. Le Phrygien leur fit changer de fentiment en leur contant que les Loups & les Brebis ayant fait un traité de paix, celles-cy donnerent leurs

Chiens pour oftages. Quand elles n'eurent plus de défenfeurs, les Loups les étranglerent avec moins de peine qu'ils ne faifoient. Cet Apologue fit fon effet : les Samiens prirent une deliberation toute contraire à celle qu'ils avoient prife. Efope voulut toutefois aller vers Crefus, & dit qu'il les ferviroit plus utilement eftant prés du Roy, que s'il demeuroit à Samos. Quand Crefus le vid, il s'étonna qu'une fi chétive creature luy euft efté un fi grand obftacle. Quoy! voilà celuy qui fait qu'on s'oppofe à mes volontez! s'écria-t-il. Efope fe profterna à fes pieds. Un homme prenoit des Sauterelles, dit-il : une Cigale luy tomba auffi fous la main. Il s'en alloit la tuër comme il avoit fait les Sauterelles. Que vous ay-je fait? dit-elle à cet homme : je ne ronge point vos bleds; je ne vous procure aucun dommage : vous ne trouverez en moy que la voix, dont je me fers fort innocemment. Grand Roy, je reffemble à cette Cigale; je n'ay que la voix, & ne m'en fuis point fervy pour vous offenfer. Crefus touché d'admiration & de pitié, non feulement luy pardonna; mais il laiffa en repos les Samiens à fa confideration. En ce temps-là le Phrygien compofa fes Fables, lefquelles il laiffa au Roy de Lydie, & fut envoyé par luy vers les Samiens qui decernerent à Efope de grands honneurs. Il luy prit auffi envie de voyager, & d'aller par le monde, s'entretenant de diverfes chofes avec ceux que l'on appelloit Philofophes. Enfin il fe mit en grand credit prés de Lycerus Roy de Babilone. Les Rois d'alors s'envoyoient les uns aux autres des Problêmes à foudre fur toutes fortes de matieres, à condition de fe payer une efpece de tribut ou d'amende, felon qu'ils répondroient bien ou mal aux queftions propofées : en quoy Lycerus affifté d'Efope avoit toûjours l'avantage, & fe rendoit illuftre parmy les autres, foit à refoudre, foit à propofer. Cependant noftre Phrygien fe maria; & ne pouvant avoir d'enfans, il adopta un jeune homme d'extraction noble, appellé Ennus. Celuy-cy le paya d'ingratitude, & fut si méchant que d'oser foüiller le lit de son bienfacteur. Cela estant venu à la connoissance d'Esope, il le chassa. L'autre afin de s'en venger contrefit des lettres par lesquelles il sembloit qu'Esope eust intelligence avec les Rois qui estoient emules de Lycerus. Lycerus persuadé par le cachet & par la signature de ces lettres, commanda à un de ses Officiers nommé Hermippus, que sans chercher de plus grandes preuves il fist mourir promptement le traistre Esope. Cet Hermippus estant amy du Phrygien luy sauva la vie, & à l'insceu de tout le monde le nourrit long-temps dans un Sepulchre : jusqu'à ce que Nectenabo Roy d'Egypte sur le bruit de la mort d'Esope crût à l'avenir rendre Lycerus son tributaire. Il osa le provoquer, & le defia de lui envoyer des Architectes qui sceussent bastir une Tour en l'air, & par mesme moyen un homme prest à répondre à toutes sortes de questions. Lycerus ayant leu les lettres, & les ayant communiquées aux plus habiles de son Estat, chacun d'eux demeura court; ce qui fit que le Roy regretta Esope; quand Hermippus luy dit qu'il n'estoit pas mort, & le fit venir. Le Phrygien fut tres-bien receu, se justifia, & pardonna à Ennus. Quant à la lettre du Roy d'Egypte, il n'en fit que rire, & manda qu'il envoiroit au Printemps les Architectes & le Répondant à toutes sortes de questions. Lycerus remit Esope en possession de tous ses biens, & luy fit livrer Ennus pour en faire ce qu'il voudroit. Esope le receut comme son enfant, & pour toute punition lui recommanda d'honorer les Dieux & son Prince; se rendre terrible à ses ennemis, facile & commode aux autres; bien traiter sa femme, sans pourtant lui confier son secret : parler peu & chasser de chez soy les Babillards; ne se point laisser abattre aux mal-heurs: avoir soin du lendemain, car il vaut mieux enrichir fes ennemis par fa mort, que d'eftre importun à fes amis pendant fon vivant; fur tout n'eftre point envieux du bonheur ny de la vertu d'autruy, d'autant que c'eft fe faire du mal à foy-mefme. Ennus touché de ces avertiffemens & de la bonté d'Efope, comme d'un trait qui luy auroit penetré le cœur, mourut peu de temps aprés. Pour revenir au défi de Nectenabo, Efope choifit des Aiglons, & les fit inftruire (chofe difficile à croire) : il les fit, dis-je, inftruire à porter en l'air chacun un panier dans lequel eftoit un jeune enfant. Le Printemps venu, il s'en alla en Egypte avec tout cet équipage; non fans tenir en grande admiration & en attente de fon deffein les peuples chez qui il paffoit. Nectenabo, qui, fur le bruit de fa mort avoit envoyé l'Enigme, fut extrémement furpris de fon arrivée. Il ne s'y attendoit pas; & ne fe fuft jamais engagé dans un tel défi contre Lycerus, s'il eust crû Efope vivant. Il luy demanda s'il avoit amené les Architectes & le Répondant. Efope dit, que le Répondant eftoit luy-mefme ; & qu'il feroit voir les Architectes quand il feroit fur le lieu. On fortit en pleine campagne, où les Aigles enleverent les paniers avec les petits enfans, qui crioient qu'on leur donnaft du mortier, des pierres & du bois. Vous voyez, dit Efope à Nectenabo, je vous ay trouvé les Ouvriers, fourniffez-leur des materiaux. Nectenabo avoüa que Lycerus eftoit le vainqueur. Il propofa toutefois cecy à Efope. J'ay des Cavales en Egypte qui conçoivent au hanniffement des Chevaux qui font devers Babylone : Qu'avez-vous à répondre là-deffus? Le Phrygien remit fa réponfe au lendemain, & retourné qu'il fut au logis, il commanda à des enfans de prendre un chat, & de le mener foüettant par les rües. Les Egyptiens qui adorent cet animal fe trouverent extremement fcandalifez du traitement que l'on luy faifoit. Ils l'arracherent des mains des

enfans, & allerent fe plaindre au Roy. On fit venir en fa
prefence le Phrygien. Ne fçavez-vous pas, luy dit le Roy,
que cet Animal eft un de nos Dieux? Pourquoy donc le
faites-vous traiter de la forte? C'eft pour l'offenfe qu'il a com-
mife envers Lycerus, reprit Efope : car la nuit derniere il
luy a étranglé un Coq extrémement courageux, & qui chantoit à toutes les heures. Vous eftes un menteur, repartit le
Roy. Comment feroit-il poffible que ce chat euft fait en fi
peu de temps un fi long voyage? Et comment eft-il poffible,
reprit Efope, que vos Jumens entendent de fi loin nos
Chevaux hannir, & conçoivent pour les entendre? En fuite
de cela le Roy fit venir d'Heliopolis certains perfonnages
d'efprit fubtil, & fçavans en queftions Enigmatiques. Il leur
fit un grand Regal où le Phrygien fut invité. Pendant le
Repas ils propoferent à Efope diverfes chofes; celles-cy
entr'autres. Il y a un grand Temple qui eft appuyé fur une
Colomne entourée de douze Villes, chacune defquelles a
trente Arcboutans, & autour de ces Arcboutans fe promenent l'une aprés l'autre deux Femmes, l'une blanche,
l'autre noire. Il faut renvoyer, dit Efope, cette queftion
aux petits enfans de noftre païs. Le Temple eft le Monde,
la Colomne l'An, les Villes ce font les Mois, & les Arcboutans les Jours, autour defquels fe promenent alternati-
vement le Jour & la Nuit. Le lendemain Nectenabo affembla
tous fes amis. Souffrirez-vous, leur dit-il, qu'une moitié
d'homme, qu'un avorton foit la caufe que Lycerus remporte
le prix, & que j'aye la confufion pour mon partage? Un
d'eux s'avifa de demander à Efope qu'il leur fift des queftions
de chofes dont ils n'euffent jamais entendu parler. Efope
écrivit une cedule par laquelle Nectenabo confeffoit devoir
deux mille talens à Lycerus. La Cedule fut mife entre
les mains de Nectenabo toute cachetée. Avant qu'on l'ou-
vrift, les amis du Prince foûtinrent que la chofe contenuë

dans cet écrit eſtoit de leur connoiſſance. Quand on l'eut ouverte, Nectenabo s'écria : Voilà la plus grande fauſſeté du monde : Je vous en prens à témoin tous tant que vous eſtes. Il eſt vray, repartirent-ils, que nous n'en avons jamais entendu parler. J'ay donc ſatisfait à voſtre demande, reprit Eſope. Nectenabo le renvoya comblé de preſens, tant pour luy que pour ſon Maiſtre. Le ſejour qu'il fit en Egypte eſt peut-eſtre cauſe que quelques-uns ont écrit qu'il fut Eſclave avec Rhodopé, celle-là qui des liberalitez de ſes amans fit élever une des trois Pyramides qui ſubſiſtent encore, & qu'on void avec admiration : c'eſt la plus petite, mais celle qui eſt baſtie avec le plus d'art. Eſope, à ſon retour dans Babylone fut receu de Lycerus avec de grandes demonſtrations de joye & de bienveillance : ce Roy luy fit eriger une ſtatuë. L'envie de voir & d'apprendre le fit renoncer à tous ces honneurs. Il quitta la Cour de Lycerus où il avoit tous les avantages qu'on peut ſouhaiter, & prit congé de ce Prince pour voir la Grece encore une fois. Lycerus ne le laiſſa point partir ſans embraſſemens & ſans larmes, & ſans le faire promettre ſur les Autels qu'il reviendroit achever ſes jours auprés de luy. Entre les Villes où il s'arreſta, Delphes fut une des principales. Les Delphiens l'écouterent fort volontiers, mais ils ne luy rendirent point d'honneurs. Eſope piqué de ce mépris, les compara aux baſtons qui flottent ſur l'onde. On s'imagine de loin que c'eſt quelque choſe de conſiderable ; de prés on trouve que ce n'eſt rien. La comparaiſon luy coûta cher. Les Delphiens en conceurent une telle haine, & un ſi violent deſir de vengeance (outre qu'ils craignoient d'eſtre décriez par luy) qu'ils reſolurent de l'oſter du monde. Pour y parvenir, ils cacherent parmy ſes hardes un de leurs vaſes ſacrez, pretendant que par ce moyen ils convaincroient Eſope de vol & de ſacrilege,

& qu'ils le condamneroient à la mort. Comme il fut forty de Delphes, & qu'il eut pris le chemin de la Phocide, les Delphiens accoururent comme gens qui eſtoient en peine. Ils l'accuſerent d'avoir dérobé leur Vaſe. Eſope le nia avec des ſermens : on chercha dans ſon équipage, & il fut trouvé. Tout ce qu'Eſope put dire n'empeſcha point qu'on ne le traitaſt comme un criminel infame. Il fut ramené à Delphes chargé de fers, mis dans des cachots, puis condamné à eſtre precipité. Rien ne luy ſervit de ſe défendre avec ſes armes ordinaires, & de raconter des Apologues; les Delphiens s'en moquerent. La Grenoüille, leur dit-il, avoit invité le Rat à la venir voir, afin de luy faire traverſer l'onde, elle l'attacha à ſon pied. Dés qu'il fut ſur l'eau, elle voulut le tirer au fond, dans le deſſein de le noyer, & d'en faire enſuite un repas. Le malheureux Rat reſiſta quelque peu de temps. Pendant qu'il ſe debattoit ſur l'eau, un Oyſeau de proye l'apperceut, fondit ſur luy, & l'ayant enlevé avec la Grenoüille qui ne ſe pût détacher, il ſe repût de l'un & de l'autre. C'eſt ainſi, Delphiens abominables, qu'un plus puiſſant que nous me vangera : je periray; mais vous perirez auſſi. Comme on le conduiſoit au ſupplice, il trouva moyen de s'échaper, & entra dans une petite Chapelle dediée à Apollon. Les Delphiens l'en arracherent. Vous violez cet Aſile, leur dit-il, parce que ce n'eſt qu'une petite chapelle; mais un jour viendra que vôtre méchanceté ne trouvera point de retraite ſeure, non pas meſme dans les Temples : il vous arrivera la meſme choſe qu'à l'Aigle, laquelle nonobſtant les prieres de l'Eſcarbot enleva un Lievre qui s'eſtoit réfugié chez luy. La generation de l'Aigle en fut punie juſque dans le giron de Jupiter. Les Delphiens peu touchez de tous ces Exemples, le precipiterent. Peu de temps aprés ſa mort une peſte tres-violente exerça ſur eux ſes ravages : Ils demanderent à l'Oracle par quels moyens ils pourroient appaiſer le courroux des Dieux. L'Oracle leur répondit qu'il n'y en avoit point d'autre que d'expier leur forfait, & ſatisfaire aux Manes d'Eſope. Auſſi-toſt une Pyramide fut élevée. Les Dieux ne temoignerent pas feuls combien ce crime leur déplaiſoit; les hommes vengerent auſſi la mort de leur Sage. La Grece envoya des Commiſſaires pour en informer, & en fit une punition rigoureuſe.

LIVRE PREMIER

A

MONSEIGNEUR LE DAUPHIN

JE chante les Heros dont Esope est le Pere,
Troupe de qui l'Histoire, encor que mensongere,
Contient des veritez qui servent de leçons.
Tout parle en mon Ouvrage, & mesme les Poissons.
Ce qu'ils disent s'adresse à tous tant que nous sommes.
Je me sers d'Animaux pour instruire les Hommes.
ILLUSTRE REJETTON D'UN PRINCE aimé des Cieux
Sur qui le Monde entier a maintenant les yeux,
Et qui faisant fléchir les plus superbes Testes,

Contera deformais ses jours par ses Conquestes :
Quelqu'autre te dira d'une plus forte voix
Les faits de tes Ayeux & les vertus des Rois.
Je vais t'entretenir de moindres Aventures,
Te tracer en ces vers de legeres Peintures.
Et si de t'agréer je n'emporte le prix,
J'auray du moins l'honneur de l'avoir entrepris.

I

LA CIGALE ET LA FOURMY

La Cigale ayant chanté
    Tout l'Efté,
Se trouva fort dépourveuë
Quand la bize fut venuë.
Pas un feul petit morceau
De moûche ou de vermiffeau.
Elle alla crier famine
Chez la Fourmy fa voifine;
La priant de luy prefter

Quelque grain pour fubfifter
Jufqu'à la faifon nouvelle.
Je vous payray, luy dit-elle,
Avant l'Ouft, foy d'animal,
Intereft & principal.
La Fourmy n'eft pas prefteufe :
C'eft là fon moindre défaut.
Que faifiez-vous au temps chaud?
Dit-elle à cette emprunteufe.
Nuit & jour à tout venant
Je chantois, ne vous déplaife.
Vous chantiez? j'en fuis fort aife.
Et bien, danfez maintenant.

A. Delierre sc.   A. Quantin Imp. Edit

II

LE CORBEAU ET LE RENARD

Maistre Corbeau fur un arbre perché
    Tenoit en fon bec un fromage.
Maiftre Renard par l'odeur alleché
    Luy tint à peu près ce langage.
    Et bon jour, Monfieur du Corbeau.
Que vous eftes joly! que vous me femblez beau!
    Sans mentir fi voftre ramage
    Se rapporte à voftre plumage,
Vous êtes le Phœnix des hoftes de ces bois.

A ces mots le Corbeau ne fe fent pas de joye :
    Et pour monftrer fa belle voix,
Il ouvre un large bec, laiffe tomber fa proye.
Le Renard s'en faifit, & dit : Mon bon Monfieur,
    Apprenez que tout flateur
  Vit aux dépens de celuy qui l'écoute.
Cette leçon vaut bien un fromage fans doute.
    Le Corbeau honteux & confus
Jura, mais un peu tard, qu'on ne l'y prendroit plus.

III

LA GRENOUILLE QUI SE VEUT FAIRE AUSSI GROSSE QUE LE BŒUF

Une Grenoüille vid un Bœuf,
 Qui luy fembla de belle taille.
Elle qui n'eftoit pas groffe en tout comme un œuf,
Envieufe s'étend, & s'enfle, & fe travaille,
 Pour égaler l'animal en groffeur;
  Difant, Regardez bien, ma fœur,
Eft-ce affez? dites-moy. N'y fuis-je point encore?
Nenny. M'y voicy donc? Point du tout. M'y voila?
Vous n'en approchez point. La chetive pecore

S'enfla fi bien qu'elle creva.
Le monde eft plein de gens qui ne font pas plus fages
Tout Bourgeois veut baftir comme les grands Seigneurs
Tout petit Prince a des Ambaffadeurs;
Tout Marquis veut avoir des Pages.

IV

LES DEUX MULETS

Deux Mulets cheminoient; l'un d'avoine chargé :
   L'autre portant l'argent de la Gabelle.
Celui-cy glorieux d'une charge fi belle,
N'eût voulu pour beaucoup en être foulagé.
      Il marchoit d'un pas relevé,
      Et faifoit fonner fa fonnette :
     Quand l'ennemy fe prefentant,
     Comme il en vouloit à l'argent,
Sur le Mulet du fisc une troupe fe jette,

Le faifit au frein, & l'arrefte.
Le Mulet en fe défendant
Se fent percer de coups, il gemit, il foûpire.
Eft-ce donc là, dit-il, ce qu'on m'avoit promis?
Ce Mulet qui me fuit, du danger fe retire,
  Et moy j'y tombe & je peris.
  Amy, luy dit fon camarade,
Il n'eft pas toûjours bon d'avoir un haut employ.
Si tu n'avois fervy qu'un Meufnier, comme moy,
  Tu ne ferois pas fi malade.

V

LE LOUP ET LE CHIEN

Vn Loup n'avoit que les os & la peau;
    Tant les Chiens faifoient bonne garde.
Ce Loup rencontre un Dogue auffi puiffant que beau,
Gras, poly, qui s'eftoit fourvoyé par mégarde.
    L'attaquer, le mettre en quartiers,
    Sire Loup l'euft fait volontiers.
    Mais il faloit livrer bataille;
    Et le Mâtin eftoit de taille

A fe défendre hardiment.
Le Loup donc l'aborde humblement,
Entre en propos, & luy fait compliment
Sur fon embonpoint qu'il admire :
Il ne tiendra qu'à vous, beau Sire,
D'eftre auffi gras que moy, luy repartit le Chien.
Quittez les bois, vous ferez bien :
Vos pareils y font miferables,
Cancres, haires, & pauvres diables,
Dont la condition eft de mourir de faim.
Car quoy? Rien d'affuré : point de franche lipée;
Tout à la pointe de l'épée.
Suivez-moy; vous aurez un bien meilleur deftin.
Le Loup reprit, Que me faudra-t-il faire?
Prefque rien, dit le Chien, donner la chaffe aux gens
Portans baftons, & mendians;
Flater ceux du logis; à fon Maiftre complaire;
Moyennant quoy voftre falaire
Sera force reliefs de toutes les façons;
Os de poulets, Os de pigeons :
Sans parler de mainte careffe.
Le Loup déja fe forge une felicité
Qui le fait pleurer de tendreffe.
Chemin faifant il vid le col du Chien pelé.
Qu'eft-ce là? lui dit-il. Rien. Quoy rien? Peu de chof
Mais encor? Le colier dont je fuis attaché
De ce que vous voyez eft peut-être la caufe.
Attaché? dit le Loup : vous ne courez donc pas
Où vous voulez? Pas toûjours, mais qu'importe?

Il importe fi bien, que de tous vos repas
    Je ne veux en aucune forte :
Et ne voudrois pas mefme à ce prix un trefor :
Cela dit, Maiftre Loup s'enfuit, & court encor.

VI

LA GENISSE, LA CHEVRE, ET LA BREBIS, EN SOCIETÉ
AVEC LE LION

La Geniſſe, la Chevre, & leur ſœur la Brebis,
Avec un fier Lion, Seigneur du voiſinage,
Firent ſocieté, dit-on, au temps jadis,
Et mirent en commun le gain & le dommage.
Dans les laqs de la Chevre un Cerf ſe trouva pris.
   Vers ſes aſſociez auſſi-toſt elle envoye.
Eux venus, le Lion par ſes ongles conta,
Et dit, Nous ſommes quatre à partager la proye;
Puis en autant de parts le Cerf il dépeça :

Prit pour luy la première en qualité de Sire;
Elle doit eftre à moy, dit-il, & la raifon,
> C'eft que je m'appelle Lion,
> A cela l'on n'a rien à dire.

La feconde par droit me doit échoir encor :
Ce droit, vous le fçavez, c'eft le droit du plus fort.
Comme le plus vaillant je pretens la troifiéme.
Si quelqu'une de vous touche à la quatriéme,
> Je l'étrangleray tout d'abord.

VII

LA BESACE

Iupiter dit un jour : Que tout ce qui refpire
S'en vienne comparoiftre aux pieds de ma grandeur.
Si dans fon compofé quelqu'un trouve à redire,
  Il peut le declarer fans peur :
  Je mettray remède à la chofe.
Venez Singe, parlez le premier, & pour caufe.
Voyez ces animaux : faites comparaifon
  De leurs beautez avec les voftres.
Eftes-vous fatisfait? Moy, dit-il, pourquoy non?
N'ay-je pas quatre pieds auffi bien que les autres?
Mon portrait jufqu'icy ne m'a rien reproché.
Mais pour mon frere l'Ours, on ne l'a qu'ébauché.

Jamais, s'il me veut croire, il ne fe fera peindre.
L'Ours venant là-deffus, on crut qu'il s'alloit plaindre.
Tant s'en faut; de fa forme il fe loüa tres fort;
Glofa fur l'Elephant : dit qu'on pourroit encor
Ajoûter à fa queuë, ofter à fes oreilles :
Que c'eftoit une maffe informe & fans beauté.
  L'Elephant eftant écouté,
Tout fage qu'il eftoit, dit des chofes pareilles.
  Il jugea qu'à fon appetit
  Dame Baleine eftoit trop groffe.
Dame Fourmy trouva le Ciron trop petit,
  Se croyant pour elle un coloffe.
Jupin les renvoya s'eftant cenfurez tous :
Du refte contens d'eux; mais parmy les plus fous
Noftre efpèce excella; car tout ce que nous fommes,
Linx envers nos pareils, & Taupes envers nous,
Nous nous pardonnons tout, & rien aux autres hommes.
On fe voit d'un autre œil qu'on ne voit fon prochain.
  Le fabriquateur fouverain
Nous crea Befaciers tous de mefme maniere,
Tant ceux du temps paffé que du temps d'aujourd'huy.
Il fit pour nos défaux la poche de derriere,
Et celle de devant pour les défaux d'autruy.

VIII

L'HIRONDELLE ET LES PETITS OYSEAUX

Une Hirondelle en fes voyages
Avoit beaucoup appris. Quiconque a beaucoup veu
　　Peut avoir beaucoup retenu.
Celle-cy prevoyoit jufqu'aux moindres orages,
　　Et devant qu'ils fuffent éclos
　　Les annonçoit aux Matelots.
Il arriva qu'au temps que la chanvre fe feme
Elle vid un Manant en couvrir maints fillons.
Cecy ne me plaift pas, dit-elle aux Oyfillons,
Je vous plains : Car pour moy, dans ce peril extrême

Je fçauray m'éloigner, ou vivre en quelque coin.
Voyez-vous cette main qui par les airs chemine?
 Un jour viendra, qui n'eft pas loin,
Que ce qu'elle répand fera voftre ruïne.
De là naîtront engins à vous enveloper,
 Et lacets pour vous attraper;
 Enfin mainte & mainte machine
 Qui caufera dans la faifon
 Voftre mort ou voftre prifon.
 Gare la cage ou le chaudron.
 C'eft pourquoy, leur dit l'Hirondelle,
 Mangez ce grain, & croyez-moy.
 Les Oyfeaux fe moquerent d'elle :
 Ils trouvoient aux champs trop dequoy.
 Quand la cheneviere fut verte,
L'Hirondelle leur dit : Arrachez brin à brin
 Ce qu'a produit ce maudit grain;
 Ou foyez feurs de voftre perte.
Prophete de mal-heur, babillarde, dit-on,
 Le bel employ que tu nous donnes!
 Il nous faudroit mille perfonnes
 Pour éplucher tout ce canton.
 La chanvre eftant tout à fait creuë,
L'Hirondelle ajouta : Cecy ne va pas bien :
 Mauvaife graine eft toft venuë.
Mais puifque jufqu'icy l'on ne m'a cruë en rien;
 Dés que vous verrez que la terre
 Sera couverte, & qu'à leurs bleds
 Les gens n'eftant plus occupez

Feront aux oyfillons la guerre ;
Quand regingletes & rezeaux
Attraperont petits oyfeaux ;
Ne volez plus de place en place :
Demeurez au logis, ou changez de climat :
Imitez le Canard, la Gruë & la Becaffe.
　　Mais vous n'eftes pas en eftat
De paffer comme nous les deferts & les ondes,
　　Ny d'aller chercher d'autres mondes.
C'eft pourquoy vous n'avez qu'un party qui foit feur :
C'eft de vous renfermer aux trous de quelque mur.
　　Les Oyfillons las de l'entendre,
Se mirent à jafer auffi confufément,
Que faifoient les Troyens quand la pauvre Caffandre
　　Ouvroit la bouche feulement.
　　Il en prit aux uns comme aux autres,
Maint Oyfillon fe vid efclave retenu.
Nous n'écoutons d'inftinéts que ceux qui font les noftres,
Et ne croyons le mal que quand il eft venu.

IX

LE RAT DE VILLE ET LE RAT DES CHAMPS

Autrefois le Rat de ville
Invita le Rat des champs,
D'une façon fort civile,
A des reliefs d'Ortolans.

Sur un Tapis de Turquie
Le couvert ſe trouva mis.
Je laiſſe à penſer la vie
Que firent ces deux amis.

Le régal fut fort honneſte :
Rien ne manquoit au feſtin;

Mais quelqu'un troubla la fefte
Pendant qu'ils eftoient en train.

A la porte de la falle
Ils entendirent du bruit.
Le Rat de ville détale,
Son camarade le fuit.

Le bruit ceffe, on fe retire :
Rats en campagne auffi-toft :
Et le Citadin de dire,
Achevons tout noftre roft.

C'eft affez, dit le Ruftique,
Demain vous viendrez chez moy :
Ce n'eft pas que je me pique
De tous vos feftins de Roy.

Mais rien ne vient m'interrompre;
Je mange tout à loifir.
Adieu donc : fy du plaifir
Que la crainte peut corrompre.

A. Delierre sc.   A. Quantin Imp. Edit.

X

LE LOUP ET L'AGNEAU

La raifon du plus fort eft toûjours la meilleure.
 Nous l'allons montrer tout à l'heure.
 Un Agneau fe defalteroit
 Dans le courant d'une onde pure.
Un loup furvient à jeun qui cherchoit avanture,
 Et que la faim en ces lieux attiroit.
Qui te rend fi hardy de troubler mon breuvage?
 Dit cet animal plein de rage :
Tu feras chaftié de ta témérité.

Sire, répond l'Agneau, que voſtre Majeſté
    Ne ſe mette pas en colere;
    Mais plûtoſt qu'elle conſidere
    Que je me vas defalterant
       Dans le courant,
    Plus de vingt pas au deſſous d'Elle;
Et que par conſequent en aucune façon
    Je ne puis troubler ſa boiſſon.
Tu la troubles, reprit cette beſte cruelle,
Et je ſçais que de moy tu médis l'an paſſé.
Comment l'aurois-je fait ſi je n'eſtois pas né?
Reprit l'Agneau, je tete encor ma mere.
    Si ce n'eſt toy, c'eſt donc ton frere :
Je n'en ay point. C'eſt donc quelqu'un des tiens :
    Car vous ne m'épargnez guere,
    Vous, vos bergers, & vos chiens.
On me l'a dit : il faut que je me venge.
    Là deſſus au fond des foreſts
    Le Loup l'emporte, & puis le mange,
    Sans autre forme de procez.

XI

L'HOMME, ET SON IMAGE

Pour M. L. D. D. L. R.

Un homme qui s'aimoit fans avoir de rivaux,
Paſſoit dans ſon eſprit pour le plus beau du monde.
Il accuſoit toûjours les miroirs d'eſtre faux;
Vivant plus que content dans ſon erreur profonde.
Afin de le guerir, le fort officieux
      Preſentoit partout à ſes yeux
Les Conſeillers muets dont ſe ſervent les Dames;
Miroirs dans les logis, miroirs chez les Marchands,
      Miroirs aux poches des galands,

Miroirs aux ceintures des femmes.
Que fait noftre Narciffe? Il fe va confiner
Aux lieux les plus cachez qu'il peut s'imaginer,
N'ofant plus des miroirs éprouver l'avanture :
Mais un canal formé par une fource pure
   Se trouve en ces lieux écartez.
Il s'y void; il fe fafche : & fes yeux irritez
Penfent appercevoir une chimere vaine.
Il fait tout ce qu'il peut pour éviter céte eau.
  Mais quoy, le canal eft fi beau
  Qu'il ne le quitte qu'avec peine.
  On void bien où je veux venir.
 Je parle à tous; & cette erreur extrême
Eft un mal que chacun fe plaift d'entretenir.
Noftre ame c'eft cet Homme amoureux de luy-mefme ;
Tant de Miroirs ce font les fottifes d'autruy ;
Miroirs de nos défaux les Peintres legitimes.
  Et quant au Canal, c'eft celuy
 Que chacun fçait, le Livre des Maximes.

XII

LE DRAGON A PLUSIEURS TESTES ET LE
DRAGON A PLUSIEURS QUEUES

V<small>N</small> envoyé du Grand Seigneur
Preferoit, dit l'Hiſtoire, un jour chez l'Empereur
Les forces de fon Maiſtre à celles de l'Empire.
    Un Alleman fe mit à dire :
    Noſtre Prince a des dépendans
    Qui de leur Chef font fi puiſſans,
Que chacun d'eux pourroit foudoyer une armée.
    Le Chiaoux homme de fens
    Luy dit : Je fçais par renommée

Ce que chaque Electeur peut de monde fournir;
   Et cela me fait fouvenir
D'une avanture eftrange, & qui pourtant eft vraye.
J'eftois en un lieu feur, lors que je vis paffer
Les cent teftes d'une Hydre au travers d'une haye.
   Mon fang commence à fe glacer,
   Et je crois qu'à moins on s'effraye.
Je n'en eus toutefois que la peur fans le mal.
   Jamais le corps de l'animal
Ne pût venir vers moy, ny trouver d'ouverture.
   Je refvois à cette avanture,
Quand un autre Dragon qui n'avoit qu'un feul chef
Et bien plus d'une queuë, à paffer fe prefente.
   Me voila faifi derechef
   D'eftonnement & d'épouvante.
Ce chef paffe, & le corps, & chaque queuë auffi.
Rien ne les empefcha; l'un fit chemin à l'autre.
   Je foûtiens qu'il en eft ainfi
   De voftre Empereur & du noftre.

XIII

LES VOLEURS ET L'ASNE

Pour un Afne enlevé deux voleurs fe battoient :
L'un vouloit le garder; l'autre le vouloit vendre.
　　Tandis que coups de poin trottoient,
Et que nos champions fongeoient à fe défendre,
　　Arrive un troifiéme larron,
　　Qui faifit maiftre Aliboron.

L'Afne c'eft quelquefois une pauvre Province.
　　Les Voleurs font tel & tel Prince :

Comme le Tranffilvain, le Turc, & le Hongrois.
  Au lieu de deux j'en ay rencontré trois :
  Il eft affez de cette marchandife.
De nul d'eux n'eft fouvent la Province conquife.
Un quart Voleur furvient qui les accorde net,
   En fe faififfant du Baudet.

XIV

SIMONIDE PRESERVÉ PAR LES DIEUX

On ne peut trop loüer trois fortes de perfonnes,
    Les Dieux, fa Maiftreffe, & fon Roy.
Malherbe le difoit : j'y foufcris quant à moy :
    Ce font maximes toûjours bonnes.
La loüange chatoüille, & gagne les efprits.
Les faveurs d'une belle en font fouvent le prix.
Voyons comme les Dieux l'ont quelquefois payée.

Simonide avoit entrepris
L'éloge d'un Athlete, & la chofe effayée
Il trouva fon fujet plein de recits tout nus.
Les parens de l'Athlete eftoient gens inconnus,
Son pere un bon bourgeois, luy fans autre merite ;
  Matiere infertile & petite.
Le Poëte d'abord parla de fon Heros.
Aprés en avoir dit ce qu'il en pouvoit dire,
Il fe jette à cofté ; fe met fur le propos
De Caftor & Pollux ; ne manque pas d'écrire
Que leur exemple eftoit aux luteurs glorieux ;
Eleve leurs combats, fpecifiant les lieux
Où ces freres s'étoient fignalez davantage.
  Enfin l'éloge de ces Dieux
  Faifoit les deux tiers de l'ouvrage.
L'Athlete avoit promis d'en payer un talent :
  Mais quand il le vid, le galand
N'en donna que le tiers, & dit fort franchement
Que Caftor & Pollux acquittaffent le refte.
Faites-vous contenter par ce couple célefte.
  Je vous veux traiter cependant.
Venez fouper chez moy, nous ferons bonne vie.
  Les conviés font gens choifis,
  Mes parens, mes meilleurs amis.
  Soyez donc de la compagnie.
Simonide promit. Peut-eftre qu'il eut peur
De perdre outre fon deû le gré de fa loüange.
  Il vient, l'on feftine, l'on mange.
  Chacun eftant en belle humeur,

Un domeſtique accourt, l'avertit qu'à la porte
Deux hommes demandoient à le voir promptement.
  Il ſort de table, & la cohorte
  N'en perd pas un ſeul coup de dent.
Ces deux hommes eſtoient les gémeaux de l'éloge.
Tous deux luy rendent grâce, & pour prix de ſes vers
  Ils l'avertiſſent qu'il déloge ;
Et que cette maiſon va tomber à l'envers.
  La prédiction en fut vraye ;
  Un pilier manque : & le platfonds,
  Ne trouvant plus rien qui l'eſtaye,
Tombe ſur le feſtin, briſe plats & flacons,
  N'en fait pas moins aux échanſons.
Ce ne fut pas le pis ; car pour rendre complete
  La vengeance deuë au Poëte,
Une poutre caſſa les jambes à l'Athlete,
  Et renvoya les conviez
  Pour la plus part eſtropiez,
La renommée eut ſoin de publier l'affaire.
Chacun cria miracle ; on doubla le ſalaire
Que meritoient les vers d'un homme aimé des Dieux :
  Il n'eſtoit fils de bonne mere
  Qui les payant à qui mieux mieux
  Pour ſes anceſtres n'en fiſt faire.
Je reviens à mon texte ; et dis premierement
Qu'on ne ſçauroit manquer de louër largement
Les Dieux & leurs pareils : de plus que Melpomene,
Souvent ſans déroger trafique de ſa peine :
Enfin qu'on doit tenir noſtre art en quelque prix.

Les grands fe font honneur dés lors qu'ils nous font grâce.
    Jadis l'Olympe & le Parnasse
    Eftoient freres & bons amis.

XV

LA MORT ET LE MAL-HEUREUX[1]

Vn Mal-heureux appelloit tous les jours
  La mort à fon fecours.
O mort, luy difoit-il, que tu me fembles belle!

---

1. Ce fujet a efté traité d'une autre façon par Efope, comme la Fable fuivante le fera voir. Ie compofay celle-cy pour une raifon qui me contraignoit de rendre la chofe ainfi generale. Mais quelqu'un me fit connoiftre que j'euffe beaucoup mieux fait de fuivre mon original, & que je laiffois paffer un des plus beaux traits qui fuft dans Efope. Cela m'obligea d'y avoir recours. Nous ne fçaurions aller plus avant que les anciens : ils ne nous ont laiffé pour noftre part que la gloire de les bien fuivre. Ie joins toutefois ma Fable à celle d'Efope; non que la mienne le merite : mais à caufe du mot de Mecenas que j'y fais entrer, & qui eft fi beau & fi à propos que je n'ay pas cru le devoir omettre.

Vien vifte, vien finir ma fortune cruelle.
La mort crut en venant l'obliger en effet.
Elle frape à fa porte, elle entre, elle fe montre.
Que vois-je! cria-t'il, oftez-moy cet objet;
    Qu'il eft hideux! que fa rencontre
    Me caufe d'horreur & d'effroy!
N'approche pas, ô mort, ô mort, retire-toy.

    Mecenas fut un galant homme :
Il a dit quelque part, Qu'on me rende impotent,
Cu de jatte, goutteux, manchot, pourveu qu'en fomme
Je vive, c'eft affez, je fuis plus que content.
Ne vien jamais, ô mort, on t'en dit tout autant.

XVI

LA MORT ET LE BUSCHERON

Un pauvre Buſcheron tout couvert de ramée,
Sous le faix du fagot auſſi bien que des ans,
Gemiſſant & courbé marchoit à pas peſans,
Et taſchoit de gagner ſa chaumine enfumée.
Enfin n'en pouvant plus d'effort & de douleur,
Il met bas ſon fagot, il ſonge à ſon malheur.
Quel plaiſir a-t-il eu depuis qu'il eſt au monde?
En eſt-il un plus pauvre en la machine ronde?
Point de pain quelquefois, & jamais de repos.

Sa femme, fes enfans, les foldats, les impofts,
  Le creancier, & la corvée
Luy font d'un mal-heureux la peinture achevée.
Il appelle la mort; elle vient fans tarder;
  Luy demande ce qu'il faut faire.
  C'eft, dit-il, afin de m'aider
A recharger ce bois; tu ne tarderas guere.
   Le trépas vient tout guerir;
   Mais ne bougeons d'où nous fommes.
   Plûtoft fouffrir que mourir,
   C'eft la devife des hommes.

XVII

L'HOMME ENTRE DEUX AGES
ET SES DEUX MAITRESSES

Un homme de moyen âge,
Et tirant fur le grifon,
Jugea qu'il eftoit faifon
De fonger au mariage.
Il avoit du contant,
Et partant
Dequoy choifir. Toutes vouloient luy plaire;
En quoy noftre amoureux ne fe preffoit pas tant.
Bien adreffer n'eft pas petite affaire.

Deux Veuves fur fon cœur eurent le plus de part ;
 L'une encor verte, & l'autre un peu bien mûre ;
  Mais qui reparoit par fon art
  Ce qu'avoit détruit la nature.
  Ces deux Veuves en badinant,
  En riant, en luy faifant fefte,
  L'alloient quelquefois teftonnant,
  C'eft à dire ajuftant fa tefte.
La Vieille à tous momens de fa part emportoit
  Un peu du poil noir qui reftoit,
Afin que fon amant en fuft plus à fa guife.
La Jeune faccageoit les poils blancs à fon tour.
Toutes deux firent tant que noftre tefte grife
Demeura fans cheveux, & fe douta du tour.
Je vous rends, leur dit-il, mille graces, les Belles,
  Qui m'avez fi bien tondu :
  J'ay plus gagné que perdu :
  Car d'Hymen, point de nouvelles.
Celle que je prendrois voudroit qu'à fa façon
  Je vécuffe, & non à la mienne.
  Il n'eft tefte chauve qui tienne ;
Je vous fuis obligé, Belles, de la leçon.

XVIII

LE RENARD ET LA CICOGNE

Compere le Renard fe mit un jour en frais,
Et retint à difner commere la Cicogne.
Le régal fut petit, & fans beaucoup d'apprefts;
    Le galand pour toute befogne
Avoit un broüet clair (il vivoit chichement).
Ce broüet fut par luy fervy fur une affiette :
La Cicogne au long bec n'en pût attraper miette;
Et le drofle eut lappé le tout en un moment.
    Pour fe vanger de cette tromperie,

A quelque temps de là la Cicogne le prie,
Volontiers, luy dit-il, car avec mes amis
    Je ne fais point ceremonie.
  A l'heure dite il courut au logis
    De la Cicogne fon hofteffe,
    Loüa tres-fort la politeffe,
   Trouva le difner cuit à point.
Bon appetit fur tout; Renards n'en manquent point.
Il fe réjoüiffoit à l'odeur de la viande
Mife en menus morceaux, & qu'il croyoit friande.
    On fervit pour l'embaraffer
En un vafe à long col & d'étroite embouchure.
Le bec de la Cicogne y pouvoit bien paffer,
Mais le mufeau du Sire eftoit d'autre mesure.
Il luy falut à jeun retourner au logis;
Honteux comme un Renard qu'une Poule auroit pris,
  Serrant la queuë, & portant bas l'oreille.
    Trompeurs, c'eft pour vous que j'écris.
    Attendez-vous à la pareille.

XIX

L'ENFANT ET LE MAISTRE D'ECOLE

Dans ce récit je pretens faire voir
D'un certain fot la remontrance vaine.
    Un jeune enfant fe laiffa choir,
En badinant fur les bords de la Seine.
Le Ciel permit qu'un faule fe trouva
Dont le branchage, aprés Dieu, le fauva.
S'eftant pris, dis-je, aux branches de ce faule,
Par cét endroit paffe un Maiftre d'école.
L'Enfant luy crie, Au fecours, je peris.

Le Magifter fe tournant à fes cris,
D'un ton fort grave à contre-temps s'avife
De le tancer. Ah le petit baboüin!
Voyez, dit-il, où l'a mis fa fottise!
Et puis prenez de tels fripons le foin!
Que les parents font mal-heureux, qu'il faille
Toûjours veiller à femblable canaille!
Qu'ils ont de maux! & que je plains leur fort!
Ayant tout dit il mit l'enfant à bord.
Je blâme icy plus de gens qu'on ne penfe.
Tout babillard, tout cenfeur, tout pedant,
Se peut connoiftre au difcours que j'avance :
Chacun des trois fait un peuple fort grand;
Le Createur en a beny l'engeance.
En toute affaire ils ne font que fonger
  Aux moyens d'exercer leur langue.
Hé mon amy, tire-moy de danger;
  Tu feras apres ta harangue.

A. Delierre sc.   A. Quantin Imp. Edit.

XX

LE COQ ET LA PERLE

Un jour un Coq détourna
Une Perle qu'il donna
Au beau premier Lapidaire.
Je la crois fine, dit-il,
Mais le moindre grain de mil
Seroit bien mieux mon affaire.

Un ignorant herita
D'un manufcrit qu'il porta

Chez fon voifin le Libraire.
Je crois, dit-il, qu'il eft bon ;
Mais le moindre ducaton
Seroit bien mieux mon affaire.

XXI

LES FRELONS, ET LES MOUCHES A MIEL

A l'œuvre on connoiſt l'Artiſan.
Quelques rayons de miel ſans maiſtre ſe trouverent.
   Des Frelons les reclamerent.
   Des Abeilles s'oppoſant,
Devant certaine Gueſpe on traduiſit la cauſe.
Il eſtoit mal-aiſé de décider la choſe.
Les témoins dépoſoient qu'autour de ces rayons
Des animaux aîlez, bourdonnans, un peu longs,
De couleur fort tannée, & tels que les Abeilles,
Avoient long-temps paru. Mais quoy, dans les Frelons
   Ces enſeignes eſtoient pareilles.
La Gueſpe ne ſçachant que dire à ces raiſons,
Fit enqueſte nouvelle; & pour plus de lumiere
   Entendit une fourmillere.
   Le point n'en pût eſtre éclaircy.

De grace, à quoy bon tout cecy?
Dit une Abeille fort prudente.
Depuis tantoſt ſix mois que la cauſe eſt pendante,
Nous voicy comme aux premiers jours.
Pendant cela le miel ſe gaſte.
Il eſt temps deformais que le Juge ſe haſte :
N'a-t-il point aſſez leché l'Ours?
Sans tant de contredits, & d'interlocutoires,
Et de fatras, & de grimoires,
Travaillons, les Frelons & nous :
On verra qui ſçait faire avec un ſuc ſi doux
Des cellules ſi bien baſties.
Le refus des Frelons fit voir
Que cét art paſſoit leur ſçavoir :
Et la Gueſpe adjugea le miel à leurs parties.
Pleuſt à Dieu qu'on reglaſt ainſi tous les procez!
Que des Turcs en cela l'on ſuiviſt la methode!
Le ſimple ſens commun nous tiendroit lieu de Code.
Il ne faudroit point tant de frais.
Au lieu qu'on nous mange, on nous gruge,
On nous mine par des longueurs :
On fait tant à la fin que l'huiſtre eſt pour le Juge,
Les écailles pour les plaideurs.

XXII

LE CHESNE ET LE ROZEAU

Le Chefne un jour dit au Rozeau :
Vous avez bien fujet d'accufer la nature.
Un Roitelet pour vous eft un pefant fardeau.
  Le moindre vent qui d'aventure
  Fait rider la face de l'eau
  Vous oblige à baiffer la tefte :
Cependant que mon front au Caucafe pareil,
Non content d'arrefter les rayons du Soleil,
  Brave l'effort de la tempefte.
Tout vous eft Aquilon; tout me femble Zephir.
Encor fi vous naiffiez à l'abry du feüillage

Dont je couvre le voiſinage;
Vous n'auriez pas tant à ſouffrir;
Je vous défendrois de l'orage :
Mais vous naiſſez le plus ſouvent
Sur les humides bords des Royaumes du vent.
La nature envers vous me ſemble bien injuſte.
Voſtre compaſſion, luy répondit l'Arbuſte,
Part d'un bon naturel; mais quittez ce ſoucy.
    Les vents me font moins qu'à vous redoutables.
Je plie, & ne romps pas. Vous avez juſqu'icy
    Contre leurs coups épouvantables
    Reſiſté ſans courber le dos :
Mais attendons la fin. Comme il diſoit ces mots,
Du bout de l'Orizon accourt avec furie
    Le plus terrible des enfans
Que le Nort euſt porté juſques-là dans ſes flancs.
    L'Arbre tient bon, le Roſeau plie :
    Le vent redouble ſes efforts,
    Et fait ſi bien qu'il déracine
Celuy de qui la teſte au Ciel eſtoit voiſine,
Et dont les pieds touchoient à l'empire des morts.

ID# LIVRE DEUXIÈME

I

CONTRE CEUX QUI ONT LE GOUST DIFFICILE

Quand j'aurois en naiſſant receu de Calliope
Les dons qu'à ſes amans cette Muſe a promis,
Je les conſacrerois aux Menſonges d'Eſope :
Le Menſonge & les vers de tout temps ſont amis.
Mais je ne me crois pas ſi chery du Parnaſſe
Que de ſçavoir orner toutes ces fictions :
On peut donner du Luſtre à leurs inventions :
On le peut, je l'eſſaye, un plus ſçavant le faſſe.
Cependant juſqu'icy d'un langage nouveau
J'ay fait parler le Loup & répondre l'Agneau.
J'ay paſſé plus avant; les Arbres & les Plantes

Sont devenus chez moy creatures parlantes.
Qui ne prendroit cecy pour un enchantement?
  Vrayment, me diront nos critiques,
  Vous parlez magnifiquement
  De cinq ou fix contes d'enfant.
Cenfeurs, en voulez-vous qui foient plus authentiques,
Et d'un ftile plus haut? En voicy. Les Troyens,
Apres dix ans de guerre autour de leurs murailles,
Avoient laffé les Grecs, qui par mille moyens,
  Par mille affauts, par cent batailles,
N'avoient pû mettre à bout cette fiere cité :
Quand un cheval de bois par Minerve inventé
  D'un rare & nouvel artifice,
Dans fes énormes flancs receut le Sage Ulyffe,
Le vaillant Diomede, Ajax l'impetueux,
  Que ce Coloffe monftrueux
Avec leurs efcadrons devoit porter dans Troye,
Livrant à leur fureur fes Dieux mefmes en proye.
Stratagême inoüy, qui des fabriquateurs
  Paya la conftance & la peine.
C'eft affez, me dira quelqu'un de nos Auteurs :
La periode eft longue, il faut reprendre haleine.
  Et puis voftre Cheval de bois,
  Vos Heros avec leurs Phalanges,
  Ce font des contes plus étranges
Qu'un Renard qui cajole un Corbeau fur fa voix.
De plus il vous fied mal d'écrire en fi haut ftile.
Et bien, baiffons d'un ton. La jaloufe Amarille
Songeoit à fon Alcippe, & croyoit de fes foins

N'avoir que fes Moutons & fon Chien pour témoins.
Tircis, qui l'apperceut, fe gliffe entre des faules,
Il entend la Bergere adreffant ces paroles
  Au doux Zephire, & le priant
  De les porter à fon Amant.
  Je vous arrefte à cette rime,
  Dira mon Cenfeur à l'inftant.
  Je ne la tiens pas legitime,
  Ny d'une affez grande vertu.
Remettez pour le mieux ces deux vers à la fonte.
  Maudit Cenfeur, te tairas-tu?
  Ne fçaurois-je achever mon conte?
  C'eft un deffein tres-dangereux
  Que d'entreprendre de te plaire.
  Les delicats font mal-heureux;
  Rien ne fçauroit les fatisfaire.

II

CONSEIL TENU PAR LES RATS

Un Chat, nommé Rodilardus,
Faifoit de Rats telle déconfiture,
Que l'on n'en voyoit prefque plus,
Tant il en avoit mis dedans la fepulture.
Le peu qu'il en reftoit n'ofant quitter fon trou,
Ne trouvoit à manger que le quart de fon fou;
Et Rodilard paffoit chez la gent miferable,
Non pour un Chat, mais pour un Diable.
Or un jour qu'au haut & au loin
Le galand alla chercher femme;
Pendant tout le fabat qu'il fit avec fa Dame,

Le demeurant des Rats tint chapitre en un coin
  Sur la neceffité prefente.
Dés l'abord leur Doyen, perfonne fort prudente,
Opina qu'il faloit, et pluftoft que plus tard,
Attacher un grelot au cou de Rodilard;
  Qu'ainfi quand il iroit en guerre
De fa marche avertis ils s'enfuiroient fous terre,
  Qu'il n'y fçavoit que ce moyen.
Chacun fut de l'avis de Monfieur le Doyen.
Chofe ne leur parut à tous plus falutaire.
La difficulté fut d'attacher le grelot.
L'un dit : Je n'y vas point, je ne fuis pas fi fot :
L'autre, Je ne fçaurois. Si bien que fans rien faire
  On fe quitta. J'ay maints Chapitres vûs,
  Qui pour neant fe font ainfi tenus;
Chapitres, non de Rats, mais Chapitres de Moines,
  Voire Chapitres de Chanoines.

  Ne faut-il que deliberer?
  La Cour en Confeillers foifonne;
  Eft-il befoin d'executer?
  L'on ne rencontre plus perfonne.

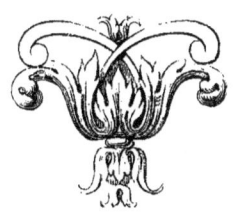

III

LE LOUP PLAIDANT CONTRE LE RENARD PARDEVANT LE SINGE

Un Loup difoit que l'on l'avoit volé.
Un Renard fon voifin, d'affez mauvaife vie,
Pour ce pretendu vol par luy fut appellé.
    Devant le Singe il fut plaidé,
Non point par Advocats, mais par chaque partie.
    Themis n'avoit point travaillé,
De memoire de Singe, à fait plus embroüillé.
Le Magiftrat fuoit en fon lit de juftice.
    Apres qu'on eut bien contefté,

Repliqué, crié, tempêté,
Le Juge, inftruit de leur malice,
Leur dit, Je vous connois de long-temps, mes amis;
Et tous deux vous payrez l'amende :
Car toy Loup tu te plains quoy qu'on ne t'ait rien pris,
Et toy Renard as pris ce que l'on te demande.
Le Juge pretendoit qu'à tors & à travers
On ne fçauroit manquer condamnant un pervers.

 Quelques perfonnes de bon fens ont crû que l'impoffibilité & la contradiction qui eft dans le jugement de ce Singe, eftoit une chofe à cenfurer; mais je ne m'en fuis fervy qu'apres Phedre, & c'eft en cela que confifte le bon mot, felon mon avis.

IV

LES DEUX TAUREAUX ET UNE GRENOÜILLE

Deux Taureaux combattoient à qui poffederoit
    Une Geniffe avec l'empire.
    Une Grenoüille en foûpiroit.
    Qu'avez-vous? fe mit à luy dire
    Quelqu'un du peuple croaffant.
    Et ne voyez-vous pas, dit-elle,
    Que la fin de cette querelle
Sera l'exil de l'un; que l'autre le chaffant
Le fera renoncer aux campagnes fleuries?
Il ne regnera plus fur l'herbe des prairies,

A. Delierre sc.   A. Quantin Imp. Edit.

Viendra dans nos marefts regner fur les rofeaux,
Et nous foulant aux pieds jufques au fond des eaux,
Tantoft l'une, & puis l'autre; il faudra qu'on patiffe
Du combat qu'a caufé madame la Geniffe.
   Cette crainte eftoit de bon fens.
   L'un des Taureaux en leur demeure
   S'alla cacher à leurs dépens,
   Il en écrafoit vingt par heure.
   Helas! on void que de tout temps
Les petits ont paty des fottifes des grands.

V

LA CHAUVESOURIS ET LES DEUX BELETTES

Une Chauvesouris donna teste baissée
Dans un nid de Belette; & sitost qu'elle y fut,
L'autre envers les Souris de long-temps courroucée
   Pour la devorer accourut.
Quoy? vous osez, dit-elle, à mes yeux vous produire,
Apres que vostre race a tâché de me nuire?
N'estes-vous pas Souris? Parlez sans fiction.
Oüy vous l'estes, ou bien je ne suis pas Belette.
   Pardonnez-moy, dit la pauvrette,
   Ce n'est pas ma profession.
Moy Souris! des méchans vous ont dit ces nouvelles.
   Grace à l'Auteur de l'Univers

Je fuis Oyfeau; voyez mes aifles :
Vive la gent qui fend les airs.
Sa raifon plût, & fembla bonne.
Elle fait fi bien qu'on luy donne
Liberté de fe retirer.
Deux jours apres noftre étourdie
Aveuglément fe va fourrer
Chez une autre Belette aux Oyfeaux ennemie.
La voila derechef en danger de fa vie.
La Dame du logis avec fon long mufeau
S'en alloit la croquer en qualité d'oyfeau,
Quand elle protefta qu'on luy faifoit outrage.
Moy pour telle paffer? vous n'y regardez pas.
Qui fait l'Oyfeau? c'eft le plumage.
Je fuis Souris; vivent les Rats.
Jupiter confonde les Chats.
Par cette adroite repartie
Elle fauva deux fois fa vie.

Plufieurs fe font trouvez qui d'écharpe changeans
Aux dangers, ainfi qu'elle, ont fouvent fait la figue.
Le Sage dit, felon les gens,
Vive le Roy, vive la Ligue.

VI

L'OYSEAU BLESSÉ D'UNE FLÉCHE

Mortellement atteint d'une fléche empennée,
Un Oyſeau déploroit ſa triſte deſtinée,
Et diſoit en ſouffrant un ſurcroiſt de douleur,
Faut-il contribuer à ſon propre mal-heur?
  Cruels humains, vous tirez de nos aîles
De quoy faire voler ces machines mortelles;

Mais ne vous mocquez point, engeance fans pitié :
Souvent il vous arrive un fort comme le noftre.
Des enfans de Japet toûjours une moitié
    Fournira des armes à l'autre.

VII

LA LICE ET SA COMPAGNE

Une Lice eſtant ſur ſon terme,
Et ne ſçachant où mettre un fardeau ſi preſſant,
Fait ſi bien qu'à la fin ſa Compagne conſent,
De luy préter ſa hute, où la Lice s'enferme.
Au bout de quelque-temps ſa Compagne revient.
La Lice luy demande encore une quinzaine.
Ses petits ne marchoient, diſoit-elle, qu'à peine.
  Pour faire court, elle l'obtient.
Ce ſecond terme échû, l'autre luy redemande
  Sa maiſon, ſa chambre, ſon lit.

La Lice cette fois montre les dents, & dit :
Je suis prefte à fortir avec toute ma bande,
  Si vous pouvez nous mettre hors.
  Ses enfans eftoient déja forts.

Ce qu'on donne aux méchans, toûjours on le regrette.
  Pour tirer d'eux ce qu'on leur prefte,
  Il faut que l'on en vienne aux coups;
  Il faut plaider, il faut combattre.
  Laiffez-leur prendre un pied chez vous,
  Ils en auront bien-toft pris quatre.

VIII

L'AIGLE ET L'ESCARBOT

L'Aigle donnoit la chaffe à Maître Jean Lapin,
Qui droit à fon terrier s'enfuyoit au plus vifte.
Le trou de l'Efcarbot fe rencontre en chemin.
      Je laiffe à penfer fi ce gifte
Eftoit feur; mais où mieux? Jean Lapin s'y blotit
L'Aigle fondant fur luy nonobftant cét azile,
      L'Efcarbot intercede & dit :
Princeffe des Oyfeaux, il vous eft fort facile
D'enlever mal-gré moy ce pauvre mal-heureux :

Mais ne me faites pas cét affront, je vous prie :
Et puifque Jean Lapin vous demande la vie,
Donnez-la-luy de grace, ou l'oftez à tous deux :
   C'eft mon voifin, c'eft mon compere.
L'Oyfeau de Jupiter, fans répondre un feul mot,
   Choque de l'aifle l'Efcarbot.
   L'étourdit, l'oblige à fe taire;
Enleve Jean Lapin. L'Efcarbot indigné
Vole au nid de l'Oyfeau, fracaffe en fon abfence
Ses œufs, fes tendres œufs, fa plus douce efperance :
   Pas un feul ne fut épargné.
L'Aigle eftant de retour & voyant ce ménage,
Remplit le Ciel de cris, & pour comble de rage
Ne fçait fur qui venger le tort qu'elle a fouffert.
Elle gemit en vain, fa plainte au vent fe perd.
Il falut pour cét an vivre en mere affligée.
L'an fuivant elle mit fon nid en lieu plus haut.
L'Efcarbot prend fon temps, fait faire aux œufs le faut :
La mort de Jean Lapin derechef eft vangée.
Ce fecond deüil fut tel que l'echo de ces bois
   N'en dormit de plus de fix mois.
   L'Oyfeau qui porte Ganimede,
Du Monarque des Dieux enfin implore l'aide;
Dépofe en fon giron fes œufs, & croit qu'en paix
Ils feront dans ce lieu, que pour fes interefts
Jupiter fe verra contraint de les défendre.
   Hardy qui les iroit là prendre.
   Auffi ne les y prit-on pas.
   Leur ennemy changea de note,

Sur la robe du Dieu fit tomber une crote :
Le Dieu la fecoüant jetta les œufs à bas.
  Quand l'Aigle fceut l'inadvertance,
  Elle menaça Jupiter
D'abandonner fa Cour, d'aller vivre au defert :
  Avec mainte autre extravagance.
  Le pauvre Jupiter fe tut,
Devant son Tribunal l'Efcarbot comparut,
  Fit fa plainte, & conta l'affaire.
On fit entendre à l'Aigle enfin qu'elle avoit tort.
Mais les deux ennemis ne voulant point d'accord,
Le Monarque des Dieux s'avifa, pour bien faire,
De tranfporter le temps où l'Aigle fait l'amour,
En une autre faifon, quand la race Efcarbote
Eft en quartier d'Hyver, & comme la Marmote
  Se cache & ne void point le jour.

IX

LE LION ET LE MOUCHERON

Va-t-en chetif infecte, excrement de la terre.
      C'eſt en ces mots que le Lion
      Parloit un jour au Moûcheron.
      L'autre luy declara la guerre.
Penſes-tu, luy dit-il, que ton titre de Roy
      Me faſſe peur, ny me ſoucie?
      Un bœuf eſt plus puiſſant que toy;

Je le meine à ma fantaisie.
A peine il achevoit ces mots,
Que luy-mefme il fonna la charge,
Fut le Trompette & le Heros.
Dans l'abord il fe met au large;
Puis prend fon temps, fond fur le cou
Du Lion qu'il rend prefque fou.
Le quadrupede écume, & fon œil étincelle;
Il rugit, on fe cache, on tremble à l'environ :
Et cette alarme univerfelle
Eft l'ouvrage d'un Moûcheron.
Un avorton de Moûche en cent lieux le harcelle,
Tantoft picque l'échine, & tantoft le mufeau,
Tantoft entre au fond du nazeau.
La rage alors fe trouve à fon faifte montée.
L'invifible ennemy triomphe & rit de voir,
Qu'il n'eft griffe, ny dent en la befte irritée,
Qui de la mettre en fang ne faffe fon devoir.
Le mal-heureux Lion fe déchire luy-mefme,
Fait refonner fa queuë à l'entour de fes flancs,
Bat l'air qui n'en peut mais, & fa fureur extrême
Le fatigue, l'abat; le voila fur les dents.
L'infecte du combat fe retire avec gloire :
Comme il fonna la charge, il fonne la victoire;
Va par tout l'annoncer; & rencontre en chemin
L'embufcade d'une araignée.
Il y rencontre auffi fa fin.
Quelle chofe par là nous peut eftre enfeignée?
J'en vois deux, dont l'une eft qu'entre nos ennemis,

Les plus à craindre font fouvent les plus petits;
L'autre qu'aux grands perils tel a pû fe fouftraire,
 Qui perit pour la moindre affaire.

X

L'ASNE CHARGÉ D'ÉPONGES, ET L'ASNE
CHARGÉ DE SEL

Un Afnier, fon Sceptre à la main,
Menoit en Empereur Romain
Deux Courfiers à longues oreilles.
L'un d'éponges chargé marchoit comme un Courier :
Et l'autre fe faifant prier
Portoit, comme on dit, les bouteilles.
Sa charge eftoit de fel. Nos gaillards pelerins
Par monts, par vaux, & par chemins
Au gué d'une riviere à la fin arriverent,
Et fort empefchez fe trouverent.
L'Afnier qui tous les jours traverfoit ce gué là,
Sur l'Afne à l'éponge monta,

Chaſſant devant luy l'autre beſte,
Qui voulant en faire à ſa teſte
Dans un trou ſe precipita,
Revint ſur l'eau, puis échapa :
Car au bout de quelques nâgées
Tout ſon ſel ſe fondit ſi bien,
Que le Baudet ne ſentit rien
Sur ſes épaules ſoulagées.
Camarade Epongier prit exemple ſur luy,
Comme un Mouton qui va deſſus la foy d'autruy.
Voilà mon Aſne à l'eau, juſqu'au col il ſe plonge
Luy, le conducteur, & l'Eponge.
Tous trois beurent d'autant; l'Aſnier & le Grifon
Firent à l'Eponge raiſon.
Celle-cy devint ſi peſante,
Et de tant d'eau s'emplit d'abord,
Que l'Aſne ſuccombant ne pût gagner le bord.
L'Aſnier l'embraſſoit dans l'attente
D'une prompte & certaine mort.
Quelqu'un vint au ſecours : qui ce fut, il n'importe;
C'eſt aſſez qu'on ait veu par là qu'il ne faut point
Agir chacun de meſme ſorte.
J'en voulois venir à ce point.

XI

LE LION ET LE RAT

XII

LA COLOMBE ET LA FOURMY

Il faut autant qu'on peut obliger tout le monde.
On a fouvent befoin d'un plus petit que foy.
De cette verité deux Fables feront foy ;
  Tant la chofe en preuves abonde.
  Entre les pattes d'un Lion,
Un rat fortit de terre affez à l'étourdie.
Le Roy des animaux en cette occafion

Montra ce qu'il eſtoit, & luy donna la vie.
>Ce bien-fait ne fut pas perdu.
>Quelqu'un auroit-il jamais crû
>Qu'un Lion d'un Rat eût affaire?

Cependant il avint qu'au ſortir des Foreſts,
>Ce Lion fut pris dans des rets,
>Dont ſes rugiſſemens ne le pûrent défaire.

Sire Rat accourut; & fit tant par ſes dents,
Qu'une maille rongée emporta tout l'ouvrage.
>Patience & longueur de temps
>Font plus que force ny que rage.

L'autre exemple eſt tiré d'animaux plus petits.
Le long d'un clair ruiſſeau beuvoit une Colombe :
Quand ſur l'eau ſe panchant une Fourmis y tombe.
Et dans cét Ocean l'on euſt veu la Fourmis
S'efforcer, mais en vain, de regagner la rive.
La Colombe auſſi-toſt uſa de charité.
Un brin d'herbe dans l'eau par elle eſtant jetté,
Ce fut un promontoire où la Fourmis arrive.
>Elle ſe ſauve; & là-deſſus

Paſſe un certain Croquant qui marchoit les pieds nus.

Ce Croquant par hazard avoit une arbalefte.
      Dés qu'il void l'oifeau de Venus,
Il le croit en fon pot, & déja luy fait fefte.
Tandis qu'à le tuer mon Villageois s'apprefte,
      La Fourmis le pique au talon.
      Le Vilain retourne la tefte.
La Colombe l'entend, part, & tire de long.
Le foupé du Croquant avec elle s'envole :
      Point de Pigeon pour une obole.

XIII

L'ASTROLOGUE QUI SE LAISSE TOMBER
DANS UN PUITS

Un Aſtrologue un jour ſe laiſſa choir
Au fonds d'un puits. On luy dit, Pauvre beſte,
Tandis qu'à peine à tes pieds tu peux voir,
Penſes-tu lire au deſſus de ta teſte?

Cette avanture en foy, ſans aller plus avant,
Peut ſervir de leçon à la pluſpart des hommes.
Parmy ce que de gens ſur la terre nous ſommes,
    Il en eſt peu qui fort ſouvent
    Ne ſe plaiſent d'entendre dire,

Qu'au Livre du Deſtin les mortels peuvent lire.
Mais ce Livre qu'Homere & les ſiens ont chanté,
Qu'eſt-ce que le hazard parmy l'antiquité,
   Et parmy nous la Providence?
  Or du hazard il n'eſt point de ſcience.
    S'il en eſtoit, on auroit tort
De l'appeller hazard, ny fortune, ny ſort,
   Toutes choſes tres-incertaines.
   Quant aux volontez ſouveraines
De celuy qui fait tout, & rien qu'avec deſſein,
Qui les ſçait que luy ſeul? comment lire en ſon ſein?
Auroit-il imprimé ſur le front des étoiles
Ce que la nuit des temps enferme dans ſes voiles?
A quelle utilité? pour exercer l'eſprit
De ceux qui de la Sphere et du Globe ont écrit?
Pour nous faire éviter des maux inévitables?
Nous rendre dans les biens de plaiſir incapables?
Et cauſant du dégouſt pour ces biens prevenus
Les convertir en maux devant qu'ils ſoient venus?
C'eſt erreur, ou pluſtoſt c'eſt crime de le croire.
Le Firmament ſe meut; les Aſtres font leur cours;
   Le Soleil nous luit tous les jours;
Tous les jours ſa clarté ſuccede à l'ombre noire;
Sans que nous en puiſſions autre choſe inferer
Que la neceſſité de luire & d'éclairer,
D'amener les ſaiſons, de meurir les ſemences,
De verſer ſur les corps certaines influences.
Du reſte, en quoy répond au ſort toûjours divers
Ce train toûjours égal dont marche l'Univers?

Charlatans, faiſeurs d'horoſcope,
Quittez les Cours des Princes de l'Europe.
Emmenez avec vous les ſoufleurs tout d'un temps.
Vous ne meritez pas plus de foy que ces gens.
Je m'emporte un peu trop; revenons à l'hiſtoire
De ce Speculateur qui fut contraint de boire.
Outre la vanité de ſon art menſonger,
C'eſt l'image de ceux qui baaillent aux chimeres,
Cependant qu'ils ſont en danger
Soit pour eux, ſoit pour leurs affaires.

XIV.

LE LIEVRE ET LES GRENOÜILLES

Un Lievre en fon gifte fongeoit,
(Car que faire en un gifte à moins que l'on ne fonge?)
Dans un profond ennuy ce Lievre fe plongeoit :
Cét animal eft trifte, & la crainte le ronge.
  Les gens de naturel peureux
  Sont, difoit-il, bien mal-heureux.
Ils ne fçauroient manger morceau qui leur profite.
Jamais un plaifir pur : toûjours affauts divers.
Voila comme je vis : cette crainte maudite
M'empefche de dormir finon les yeux ouverts.
Corrigez-vous, dira quelque fage cervelle.
  Et la peur fe corrige-t-elle?

Je crois mefme qu'en bonne foy
Les hommes ont peur comme moy.
Ainfi raifonnoit noftre Lievre,
Et cependant faifoit le guet.
Il eftoit douteux, inquiet :
Un fouffle, une ombre, un rien, tout lui donnoit la fiévre.
Le melancolique animal
En rêvant à cette matiere
Entend un leger bruit : ce luy fut un fignal
Pour s'enfuïr devers fa taniere.
Il s'en alla paffer fur le bord d'un eftang.
Grenoüilles auffi-toft de fauter dans les ondes.
Grenoüilles de rentrer en leurs grottes profondes.
Oh, dit-il, j'en fais faire autant
Qu'on m'en fait faire! Ma prefence
Effraye auffi les gens, je mets l'alarme au camp!
Et d'où me vient cette vaillance?
Comment, des animaux qui tremblent devant moy?
Je fuis donc un foudre de guerre.
Il n'eft, je le vois bien, fi poltron fur la terre,
Qui ne puiffe trouver un plus poltron que foy.

XV

LE COQ ET LE RENARD

Sur la branche d'un arbre eſtoit en ſentinelle
      Un vieux Coq adroit & matois.
Frere, dit un Renard adouciſſant ſa voix,
      Nous ne ſommes plus en querelle.
      Paix generale cette fois.
Je viens te l'annoncer; deſcends que je t'embraſſe.
      Ne me retarde point de grace :
Je dois faire aujourd'huy vingt poſtes ſans manquer.
      Les tiens & toy pouvez vaquer
      Sans nulle crainte à vos affaires,
      Nous vous y ſervirons en freres.

Faites-en les feux dés ce foir.
Et cependant vien recevoir
Le baifer d'amour fraternelle.
Amy, reprit le Coq, je ne pouvois jamais
Apprendre une plus douce & meilleure nouvelle,
Que celle
De cette paix.
Et ce m'eft une double joye
De la tenir de toy. Je vois deux Levriers
Qui je m'affeure font couriers,
Que pour ce fujet on envoye.
Ils vont vifte, & feront dans un moment à nous.
Je defcends; nous pourrons nous entrebaifer tous.
Adieu, dit le Renard : ma traite eft longue à faire.
Nous nous réjoüirons du fuccés de l'affaire
Une autre fois. Le galand auffi-toft
Tire fes gregues, gagne au haut,
Mal-content de fon ftratagême;
Et noftre vieux Coq en foy-mefme
Se mit à rire de fa peur;
Car c'eft double plaifir de tromper le trompeur.

XVI

LE CORBEAU VOULANT IMITER L'AIGLE

L'oyseau de Jupiter enlevant un Mouton,
    Un Corbeau témoin de l'affaire,
Et plus foible de reins, mais non pas moins glouton,
    En voulut fur l'heure autant faire.
    Il tourne à l'entour du troupeau;
Marque entre cent Moutons le plus gras, le plus beau,
    Un vray Mouton de facrifice :
On l'avoit refervé pour la bouche des Dieux.
Gaillard Corbeau difoit, en le couvant des yeux,
    Je ne fçay qui fut ta nourrice;
Mais ton corps me paroift en merveilleux eftat.

Tu me ferviras de pâture.
Sur l'animal beſlant à ces mots il s'abat.
La Moutonniere creature
Peſoit plus qu'un fromage ; outre que ſa toiſon
Eſtoit d'une épaiſſeur extrême,
Et mêlée à peu prés de la meſme façon
Que la barbe de Polipheme.
Elle empeſtra ſi bien les ſerres du Corbeau,
Que le pauvre animal ne pût faire retraitte ;
Le Berger vient, le prend, l'encage bien & beau,
Le donne à ſes enfants pour ſervir d'amuſette.
Il faut ſe meſurer, la conſequence eſt nette.
Mal prend aux Volereaux de faire les Voleurs.
L'exemple eſt un dangereux leure.
Tous les mangeurs de gens ne ſont pas grands Seigneurs,
Où la Gueſpe a paſſé le Mouſcheron demeure.

XVII

LE PAN SE PLAIGNANT A JUNON

Le Pan fe plaignoit à Junon.
Deeffe, difoit-il, ce n'eft pas fans raifon,
    Que je me plains, que je murmure;
    Le chant dont vous m'avez fait don
    Déplaift à toute la nature :
Au lieu qu'un Roffignol, chetive creature,
    Forme des fons auffi doux qu'éclatans,
    Eft luy feul l'honneur du Printemps.
    Junon répondit en colere :
 Oyfeau jaloux & qui devrois te taire;

Eſt ce à toy d'envier la voix du Roſſignol?
Toy que l'on voit porter à l'entour de ton col
Un arc-en-ciel nué de cent ſortes de ſoyes,
    Qui te panades, qui déployes
Une ſi riche queuë, & qui ſemble à nos yeux
      La Boutique d'un Lapidaire?
      Eſt-il quelque oyſeau ſous les Cieux
      Plus que toy capable de plaire?
Tout animal n'a pas toutes proprietez,
Nous vous avons donné diverſes qualitez,
Les uns ont la grandeur & la force en partage;
Le Faucon eſt leger, l'Aigle plein de courage,
    Le Corbeau ſert pour le préſage,
La Corneille avertit des mal-heurs à venir :
    Tous ſont contens de leur ramage :
Ceſſe donc de te plaindre, ou bien pour te punir
    Je t'oſteray ton plumage.

XVIII

LA CHATE METAMORPHOSÉE EN FEMME

Vn homme cheriſſoit éperdument ſa Chate,
Il la trouvoit mignonne, & belle, & delicate,
    Qui miauloit d'un ton fort doux :
    Il eſtoit plus fou que les foux.
  Cet Homme donc par prieres, par larmes,
    Par ſortileges & par charmes,
    Fait tant qu'il obtient du deſtin,
    Que ſa Chate en un beau matin
    Devient femme, & le matin meſme

Maiftre fot en fait fa moitié.
Le voila fou d'amour extrême,
De fou qu'il eftoit d'amitié.
Jamais la Dame la plus belle
Ne charma tant fon favory,
Que fait cette époufe nouvelle
Son hypocondre de mary.
Il l'amadouë, elle le flate,
Il n'y trouve plus rien de Chate :
Et pouffant l'erreur jufqu'au bout
La croit femme en tout & par tout.
Lors que quelques Souris qui rongeoient de la natte
Troublerent le plaifir des nouveaux mariez.
Auffi-toft la femme eft fur pieds :
Elle manqua fon avanture.
Souris de revenir, femme d'eftre en pofture.
Pour cette fois elle accourut à point;
Car ayant changé de figure
Les Souris ne la craignoient point.
Ce luy fut toûjours une amorce,
Tant le naturel a de force.
Il fe mocque de tout, certain âge accomply.
Le Vafe eft imbibé, l'étoffe a pris fon ply.
En vain de fon train ordinaire
On le veut def-accoûtumer.
Quelque chofe qu'on puiffe faire,
On ne fçauroit le reformer.
Coups de fourches ny d'etrivieres
Ne luy font changer de manieres;

Et, fuſſiez-vous embaſtonnez,
Jamais vous n'en ferez les maiſtres.
Qu'on luy ferme la porte au nez,
Il reviendra par les feneſtres.

XIX

LE LION ET L'ASNE CHASSANT

Le Roy des Animaux fe mit un jour en tefte
    De giboyer. Il celebroit fa fefte.
Le gibier du Lion ce ne font pas moineaux;
Mais beaux & bons Sangliers, Daims & Cerfs bons & beaux,
        Pour reüffir dans cette affaire,
          Il fe fervit du miniftere
        De l'Afne à la voix de Stentor.
L'Afne à Meffer Lion fit office de Cor.
Le Lion le pofta, le couvrit de ramée,
Luy commanda de braire, afsuré qu'à ce fon
Les moins intimidez fuïroient de leur maifon.

Leur troupe n'eſtoit pas encore accoûtumée
  A la tempeſte de ſa voix :
L'air en retentiſſoit d'un bruit épouvantable :
La frayeur ſaiſiſſoit les hoſtes de ces bois.
Tous fuyoient, tous tomboient au piege inévitable
  Où les attendoit le Lion.
N'ay-je pas bien ſervy dans cette occaſion ?
Dit l'Aſne, en ſe donnant tout l'honneur de la chaſſe;
Oüy, reprit le Lion, c'eſt bravement crié.
Si je ne connoiſſois ta perſonne & ta race
  J'en ſerois moy-meſme effrayé

L'Aſne s'il eût oſé ſe fût mis en colere,
Encor' qu'on le raillaſt avec juſte raiſon :
Car qui pourroit ſouffrir un Aſne fanfaron ?
  Ce n'eſt pas là leur caractere.

XX

TESTAMENT EXPLIQUÉ PAR ÉSOPE

Si ce qu'on dit d'Efope eſt vray,
C'eſtoit l'Oracle de la Grece.
Luy feul avoit plus de fageſſe
Que tout l'Areopage. En voicy pour eſſay
Une Hiſtoire des plus gentilles,
Et qui pourra plaire au Lecteur.

Un certain Homme avoit trois filles,
Toutes trois de contraire humeur,
Une beuveuſe, une coquette,
La troiſiéme avare parfaite.
Cet Homme par fon teſtament
Selon les Loix municipales,

Leur laiffa tout fon bien par portions égales,
En donnant à leur Mere tant;
Payable quand chacune d'elles
Ne poffederoit plus fa contingente part.
Le Pere mort, les trois femelles
Courent au teftament fans attendre plus tard.
On le lit; on tâche d'entendre
La volonté du Teftateur,
Mais en vain : car comment comprendre
Qu'auffi-toft que chacune fœur
Ne poffedera plus fa part hereditaire,
Il luy faudra payer fa Mere?
Ce n'eft pas un fort bon moyen
Pour payer, que d'eftre fans bien.
Que vouloit donc dire le Pere?
L'affaire eft confultée; & tous les Advocats
Apres avoir tourné le cas
En cent & cent mille manieres
Y jettent leur bonnet, fe conferfent vaincus
Et confeillent aux heritieres
De partager le bien fans fonger au furplus.
Quant à la fomme de la veuve
Voicy, leur dirent-ils, ce que le confeil treuve,
Il faut que chaque fœur fe charge par traité
Du tiers payable à volonté,
Si mieux n'aime la Mere en créer une rente
Dés le decés du mort courante.
La chofe ainfi reglée, on compofa trois lots.
En l'un les maifons de bouteille,

> Les buffets dreſſés ſous la treille,
> La vaiſſelle d'argent, les cuvettes, les brocs,
> Les magaſins de malvoiſie,
> Les eſclaves de bouche, & pour dire en deux mots,
> L'attirail de la goinfrerie :
> Dans un autre celuy de la coquetterie ;
> La maiſon de la Ville, & les meubles exquis,
> Les Eunuques, & les coëffeuſes,
> Et les brodeuſes,
> Les joyaux, les robes de prix.
> Dans le troiſieme lot, les fermes, le ménage,
> Les troupeaux et le paſturage,
> Valets & beſtes de labeur.
> Ces lots faits, on jugea que le fort pourroit faire
> Que peut-eſtre pas une ſœur,
> N'auroit ce qui luy pourroit plaire.
> Ainſi chacune prit ſon inclination ;
> Le tout à l'eſtimation.
> Ce fut dans la ville d'Athenes,
> Que cette rencontre arriva.
> Petits & grands, tout approuva
> Le partage & le choix. Eſope ſeul trouva
> Qu'apres bien du temps & des peines,
> Les gens avoient pris juſtement
> Le contre-pied du Teſtament.
> Si le défunt vivoit, diſoit-il, que l'Attique
> Auroit de reproches de luy !
> Comment ! ce peuple qui ſe pique
> D'eſtre le plus ſubtil des peuples d'aujourd'huy,

A fi mal entendu la volonté fuprême
  D'un teftateur! Ayant ainfi parlé
   Il fait le partage luy-mefme,
Et donne à chaque fœur un lot contre fon gré.
   Rien qui puft eftre convenable,
   Partant rien aux fœurs d'agreable.
   A la Coquette l'attirail,
  Qui fuit les perfonnes beuveufes.
   La Biberonne euft le beftail.
  La Ménagere eut les coëffeufes.
   Tel fut l'avis du Phrygien;
   Alleguant qu'il n'eftoit moyen
   Plus feur pour obliger ces filles
   A fe défaire de leur bien.
Qu'elles fe mariroient dans les bonnes familles,
  Quand on leur verroit de l'argent :
  Pairoient leur Mere tout contant;
Ne poffederoient plus les effets de leur Pere;
   Ce que difoit le Teftament.
Le peuple s'eftonna comme il fe pouvoit faire
   Qu'un homme feul euft plus de fens
   Qu'une multitude de gens.

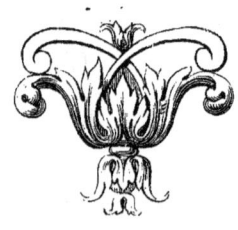

LIVRE TROISIÈME

I

LE MEUSNIER, SON FILS, ET L'ASNE

L'invention des Arts eſtant un droit d'aîneſſe,
Nous devons l'Apologue à l'ancienne Grece.
Mais ce Champ ne ſe peut tellement moiſſonner,
Que les derniers venus n'y trouvent à glaner.
La feinte eſt un païs plein de terres deſertes.
Tous les jours nos Auteurs y font des découvertes.
Je t'en veux dire un trait aſſez bien inventé.
Autrefois à Racan Malherbe l'a conté.
Ces deux rivaux d'Horace, heritiers de ſa Lyre,
Diſciples d'Apollon, nos Maiſtres pour mieux dire;
Se rencontrant un jour, tout ſeuls & ſans témoins,

(Comme ils fe confioient leurs penfers & leurs foins)
Racan commence ainfi. Dites-moy, je vous prie,
Vous qui devez fçavoir les chofes de la vie,
Qui par tous fes degrez avez déja paffé,
Et que rien ne doit fuïr en cét âge avancé;
A quoy me refoudray-je? Il eft temps que j'y penfe.
Vous connoiffez mon bien, mon talent, ma naiffance.
Dois-je dans la Province eftablir mon fejour?
Prendre employ dans l'Armée? ou bien charge à la Cour?
Tout au monde eft mêlé d'amertume & de charmes.
La Guerre a fes douceurs, l'Hymen a fes alarmes.
Si je fuivois mon gouft, je fçaurois où buter;
Mais j'ay les miens, la Cour, le peuple à contenter.
Malherbe là-deffus. Contenter tout le monde :
Ecoutez ce recit avant que je réponde.

J'ay lû dans quelque endroit, qu'un Meufnier & fon fils,
L'un vieillard, l'autre enfant, non pas des plus petits,
Mais garçon de quinze ans, fi j'ay bonne memoire,
Alloient vendre leur Afne un certain jour de foire.
Afin qu'il fût plus frais & de meilleur débit,
On luy lia les pieds, on vous le fufpendit;
Puis cét Homme & son fils le portent comme un luftre;
Pauvres gens, idiots, couple ignorant & ruftre.
Le premier qui les vid, de rire s'éclata.
Quelle farce, dit-il, vont joüer ces gens-là?
Le plus Afne des trois n'eft pas celuy qu'on penfe.
Le Meufnier à ces mots connoift fon ignorance.
Il met fur pieds fa befte, & la fait détaler.

L'Afne, qui gouftoit fort l'autre façon d'aller,
Se plaint en fon patois. Le Meufnier n'en a cure.
Il fait monter fon Fils, il fuit, & d'aventure
Paffent trois bons Marchands. Cét objet leur déplut.
Le plus vieux au garçon s'écria tant qu'il pût.
Oh la oh, defcendez, que l'on ne vous le dife,
Jeune homme qui menez Laquais à barbe grife.
C'eftoit à vous de fuivre, au vieillard de monter.
Meffieurs, dit le Meufnier, il vous faut contenter.
L'enfant met pied à terre, & puis le vieillard monte.
Quand trois filles paffant, l'une dit, C'eft grand' honte,
Qu'il faille voir ainfi clocher ce jeune fils ;
Tandis que ce nigaut comme un Evefque affis,
Fait le veau fur fon Afne, & penfe eftre bien fage.
Il n'eft, dit le Meufnier, plus de Veaux à mon âge.
Paffez voftre chemin, la fille, & m'en croyez.
Apres maints quolibets coup fur coup renvoyez,
L'homme crût avoir tort, & mit fon fils en croupe.
Au bout de trente pas une troifiéme troupe
Trouve encore à glofer. L'un dit, ces gens font fous ;
Le Baudet n'en peut plus ; il mourra fous leurs coups.
Hé quoy, charger ainfi cette pauvre Bourique ?
N'ont-ils point de pitié de leur vieux domeftique ?
Sans doute qu'à la Foire ils vont vendre fa peau.
Parbieu, dit le Meufnier, eft bien fou du cerveau
Qui pretend contenter tout le monde & fon Pere.
Effayons toutefois, fi par quelque maniere
Nous en viendrons à bout. Ils defcendent tous deux.
L'Afne fe prélaffant marche feul devant eux.

Un quidam les rencontre, & dit ; Eſt-ce la mode,
Que Baudet aille à l'aiſe & Meuſnier s'incommode ?
Qui de l'Aſne ou du Maiſtre eſt fait pour ſe laſſer ?
Je conſeille à ces gens de le faire enchaſſer.
Ils uſent leurs ſouliers, & conſervent leur Aſne ;
Nicolas au rebours ; car quand il va voir Jeanne
Il monte ſur ſa beſte, & la chanſon le dit.
Beau trio de Baudets ! Le Meuſnier repartit :
Je ſuis Aſne, il eſt vray, j'en conviens, je l'avoüe,
Mais que doreſnavant on me blaſme, on me loüe ;
Qu'on diſe quelque choſe, ou qu'on ne diſe rien ;
J'en veux faire à ma teſte ; il le fit, & fit bien.

Quant à vous ſuivez Mars, ou l'Amour, ou le Prince ;
Allez, venez, courez, demeurez en Province ;
Prenez femme, Abbaye, Employ, Gouvernement ;
Les gens en parleront, n'en doutez nullement.

II

LES MEMBRES ET L'ESTOMACH

Ie devois par la Royauté
Avoir commencé mon Ouvrage.
A la voir d'un certain cofté,
Meffer Gafter en eft l'image.
S'il a quelque befoin tout le corps s'en reffent.
De travailler pour luy les membres fe laffant,
Chacun d'eux refolut de vivre en Gentilhomme,
Sans rien faire, alleguant l'exemple de Gafter.
Il faudroit, difoient-ils, fans nous qu'il vécût d'air.

Nous fuons, nous peinons comme beftes de fomme :
Et pour qui ? pour luy feul : nous n'en profitons pas :
Noftre foin n'aboutit qu'à fournir fes repas.
Chommons ! c'eft un métier qu'il veut nous faire apprendre.
Ainfi dit, ainfi fait. Les mains ceffent de prendre,
 Les bras d'agir, les jambes de marcher.
Tous dirent à Gafter, qu'il en allaft chercher.
Ce leur fut une erreur dont ils fe repentirent.
Bien-toft les pauvres gens tomberent en langueur :
Il ne fe forma plus de nouveau fang au cœur :
Chaque membre en fouffrit : les forces fe perdirent.
  Par ce moyen les mutins virent,
Que celuy qu'ils croyoient oifif & pareffeux
A l'intereft commun contribuoit plus qu'eux.
Cecy peut s'appliquer à la grandeur Royale.
Elle reçoit & donne, & la chofe eft égale.
Tout travaille pour elle, & reciproquement
  Tout tire d'elle l'aliment.
Elle fait fubfifter l'artifan de fes peines,
Enrichit le Marchand, gage le Magiftrat,
Maintient le Laboureur, donne paye au Soldat,
Diftribuë en cent lieux fes graces fouveraines,
  Entretient feule tout l'Eftat.
  Menenius le fçeut bien dire.
La Commune s'alloit feparer du Senat.
Les mécontens difoient qu'il avoit tout l'Empire,
Le pouvoir, les trefors, l'honneur, la dignité ;
Au lieu que tout le mal eftoit de leur cofté,
Les tributs, les impofts, les fatigues de guerre.

Le peuple hors des murs eſtoit déja poſté,
La pluſpart s'en alloient chercher une autre terre,
  Quand Menenius leur fit voir
  Qu'ils eſtoient aux membres ſemblables ;
Et par cét Apologue inſigne entre les Fables
  Les ramena dans leur devoir.

III

LE LOUP DEVENU BERGER

Un Loup qui commençoit d'avoir petite part
    Aux brebis de son voisinage,
Crut qu'il faloit s'aider de la peau du Renard,
    Et faire un nouveau personnage.
Il s'habille en Berger, endosse un hoqueton,
    Fait sa houlette d'un baston ;
    Sans oublier la Cornemuse.
    Pour pousser jusqu'au bout la ruse,
Il auroit volontiers écrit sur son chapeau,
C'est moy qui suis Guillot Berger de ce troupeau.
    Sa personne estant ainsi faite,
Et ses pieds de devant posez sur sa houlette,

Guillot le Sycophante approche doucement.
Guillot le vray Guillot étendu fur l'herbette
      Dormoit alors profondément.
Son chien dormoit auffi, comme auffi fa mufette.
La plufpart des Brebis dormoient pareillement.
      L'hypocrite les laiffa faire :
Et pour pouvoir mener vers fon fort les brebis,
Il voulut ajoufter la parole aux habits,
      Chofe qu'il croyoit neceffaire.
      Mais cela gafta fon affaire.
Il ne pût du Pafteur contrefaire la voix.
Le ton dont il parla fit retentir les bois,
      Et découvrit tout le myftere.
      Chacun fe réveille à ce fon,
      Les Brebis, le Chien, le Garçon.
      Le pauvre Loup dans cét efclandre
      Empefché par fon hoqueton,
      Ne pût ny fuïr ny fe défendre.

Toûjours par quelque endroit fourbes fe laiffent prendre.
      Quiconque eft Loup, agiffe en Loup.
      C'eft le plus certain de beaucoup.

IV

LES GRENOÜILLES QUI DEMANDENT UN ROY

Les Grenoüilles fe laffant
De l'eftat Democratique,
Par leurs clameurs firent tant
Que Jupin les foûmit au pouvoir Monarchique.
Il leur tomba du Ciel un Roy tout pacifique :

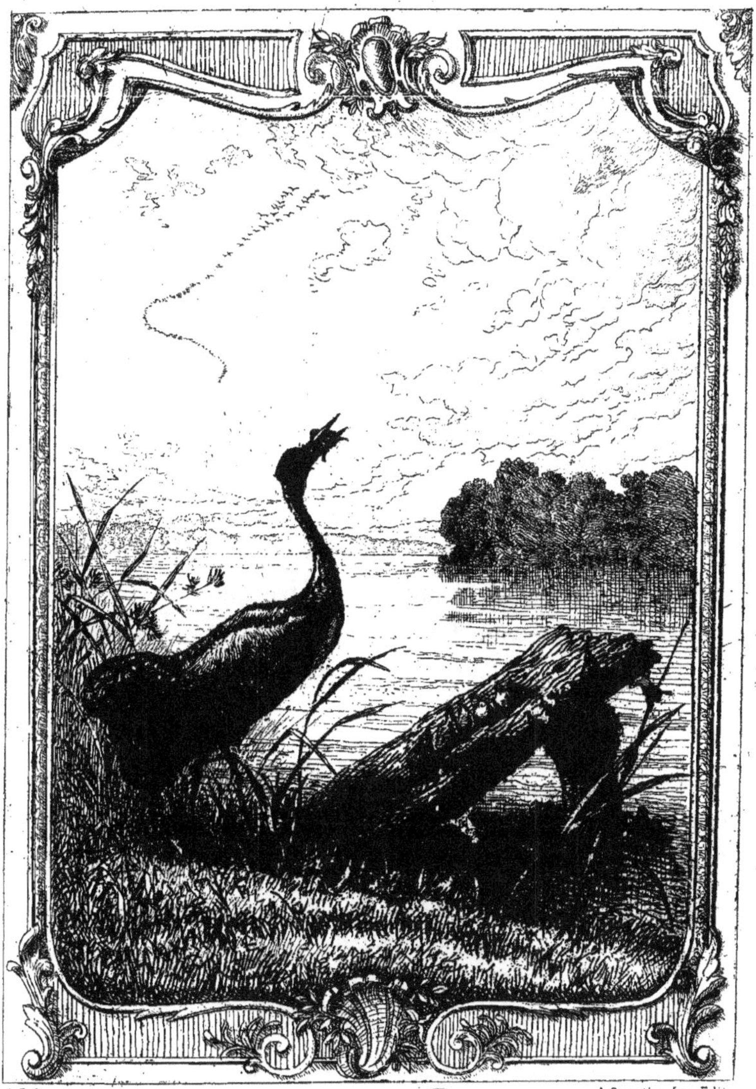

A. Delierre sc. A. Quantin. Imp. Edit.

Ce Roy fit toutefois un tel bruit en tombant,
  Que la gent marécageuſe,
  Gent fort ſotte & fort peureuſe,
  S'alla cacher ſous les eaux,
  Dans les joncs, dans les roſeaux,
  Dans les trous du marécage,
Sans oſer de long-temps regarder au viſage
Celuy qu'elles croyoient eſtre un geant nouveau;
  Or c'eſtoit un ſoliveau,
De qui la gravité fit peur à la premiere,
  Qui de le voir s'avanturant
  Oſa bien quitter ſa taniere,
  Elle approcha, mais en tremblant.
Une autre la ſuivit, une autre en fit autant,
  Il en vint une fourmilliere ;
Et leur troupe à la fin ſe rendit familiere
  Jusqu'à ſauter ſur l'épaule du Roy.
Le bon Sire le ſouffre, & ſe tient toûjours coy.
Jupin en a bien-toſt la cervelle rompuë.
Donnez-nous, dit ce peuple, un Roy qui ſe remuë.
Le Monarque des Dieux leur envoye une Gruë,
  Qui les croque, qui les tuë,
  Qui les gobe à ſon plaiſir ;
  Et Grenoüilles de ſe plaindre ;
Et Jupin de leur dire : Et quoy, voſtre deſir
  A ſes Loix croit-il nous aſtraindre ?
  Vous avez deû premierement
  Garder voſtre Gouvernement,
Mais ne l'ayant pas fait, il vous devoit ſuffire

Que voſtre premier Roy fuſt debonnaire & doux :
>De celuy-cy contentez-vous,
>De peur d'en rencontrer un pire.

V

LE RENARD ET LE BOUC

Capitaine Renard alloit de compagnie
Avec fon amy Bouc des plus haut encornez.
Celuy-cy ne voyoit pas plus loin que fon nez.
L'autre eſtoit paſſé maiſtre en fait de tromperie.
La foif les obligea de defcendre en un puis.
   Là chacun d'eux fe defaltere.
Apres qu'abondamment tous deux en eurent pris,
Le Renard dit au Bouc : Que ferons-nous compere ?
Ce n'eſt pas tout de boire; il faut fortir d'icy.
Leve tes pieds en haut, & tes cornes auſſi :
Mets-les contre le mur. Le long de ton efchine

Je grimperay premierement ;
Puis fur tes cornes m'élevant,
A l'aide de cette machine
De ce lieu-cy je fortiray,
Apres quoy je t'en tireray.
Par ma barbe, dit l'autre, il eft bon ; & je louë
Les gens bien fenfez comme toy.
Je n'aurois jamais quant à moy
Trouvé ce fecret, je l'avouë.
Le Renard fort du puis, laiffe fon compagnon,
Et vous luy fait un beau fermon
Pour l'exhorter à patience.
Si le Ciel t'euft, dit-il, donné par excellence
Autant de jugement que de barbe au menton,
Tu n'aurois pas à la legere
Defcendu dans ce puis. Or adieu, j'en fuis hors :
Tafche de t'en tirer, & fais tous tes efforts ;
Car pour moy j'ay certaine affaire,
Qui ne me permet pas d'arrefter en chemin.
En toute chofe il faut confiderer la fin.

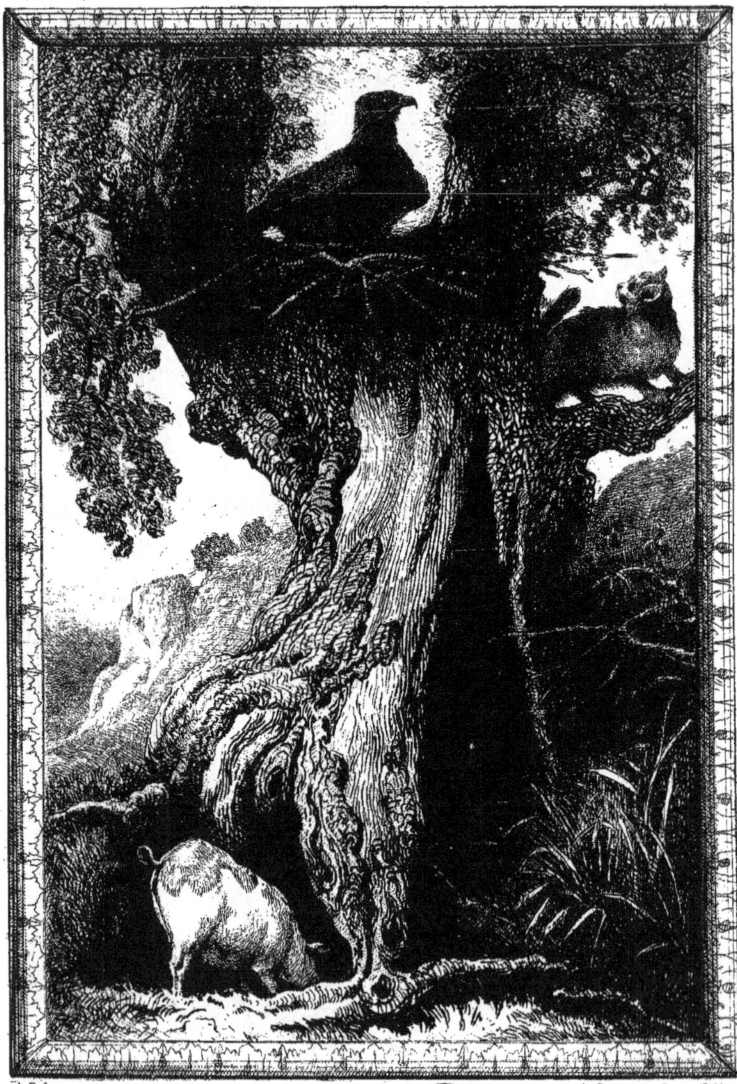

A. Delierre sc.   A Quantin Imp. Edit

VI

L'AIGLE, LA LAYE, ET LA CHATE

L'aigle avoit fes petits au haut d'un arbre creux,
    La Laye au pied, la Chate entre les deux :
Et fans s'incommoder, moyennant ce partage
Meres & nourriffons faifoient leur tripotage.
La Chate détruifit par fa fourbe l'accord.
Elle grimpa chez l'Aigle, & luy dit : Noftre mort,
(Au moins de nos enfans, car c'eft tout un aux meres)
        Ne tardera poffible gueres.
Voyez-vous à nos pieds fouïr inceffamment
Cette maudite Laye, & creufer une mine?
C'eft pour déraciner le chefne affeurément,

Et de nos nourriſſons attirer la ruine.
    L'arbre tombant ils feront devorez :
        Qu'ils s'en tiennent pour aſſurez.
S'il m'en reſtoit un feul j'adoucirois ma plainte.
Au partir de ce lieu qu'elle remplit de crainte,
        La perfide defcend tout droit
            A l'endroit
        Où la Laye eſtoit en geſine.
        Ma bonne amie & ma voiſine,
Luy dit-elle tout bas, je vous donne un avis.
L'Aigle, ſi vous fortez, fondra fur vos petits :
        Obligez-moy de n'en rien dire.
        Son courroux tomberoit fur moy.
Dans cette autre famille ayant femé l'effroy,
        La Chate en fon trou fe retire.
L'Aigle n'ofe fortir, ny pourvoir aux befoins
        De fes petits : La Laye encore moins :
Sottes de ne pas voir que le plus grand des foins
Ce doit eſtre celuy d'éviter la famine.
A demeurer chez foy l'une & l'autre s'obſtine ;
Pour fecourir les fiens dedans l'occafion :
        L'Oyfeau royal en cas de mine,
        La Laye en cas d'irruption.
La faim détruiſit tout : il ne reſta perfonne
De la gent Marcaſſine, & de la gent Aiglonne,
        Qui n'allaſt de vie à trépas ;
        Grand renfort pour Meſſieurs les Chats.

Que ne fçait point ourdir une langue traîtreſſe

Par fa pernicieufe adreffe?
Des mal-heurs qui font fortis
De la boëte de Pandore,
Celuy qu'à meilleur droit tout l'Univers abhorre,
C'eft la fourbe à mon avis.

VII

L'YVROGNE ET SA FEMME

Chacun a son défaut où toûjours il revient :
  Honte ny peur n'y remedie.
 Sur ce propos d'un conte il me souvient :
  Je ne dis rien que je n'appuye
De quelque exemple. Un suppost de Bacchus
Alteroit sa santé, son esprit, & sa bourse.
Telles gens n'ont pas fait la moitié de leur course,
  Qu'ils sont au bout de leurs écus.
Un jour que celuy-cy plein du jus de la treille,
Avoit laissé ses sens au fond d'une bouteille,
Sa femme l'enferma dans un certain tombeau.

Là les vapeurs du vin nouveau
Cuverent à loifir. A fon réveil il treuve
L'attirail de la mort à l'entour de fon corps,
 Un luminaire, un drap des morts.
Oh! dit-il, qu'eft-cecy? ma femme eft-elle veuve?
Là-deffus fon Epoufe en habit d'Alecton,
Mafquée, & de fa voix contre-faifant le ton,
Vient au prétendu mort; approche de fa biere;
Luy prefente un chaudeau propre pour Lucifer.
L'Epoux alors ne doute en aucune maniere
 Qu'il ne foit citoyen d'enfer.
Quelle perfonne es-tu? dit-il à ce phantofme,
 La celeriere du Royaume
De Satan, reprit-elle; & je porte à manger
 A ceux qu'encloft la tombe noire.
 Le Mary repart fans fonger;
 Tu ne leur portes point à boire?

VIII

LA GOUTE ET L'ARAIGNÉE

Quand l'Enfer eut produit la Goute & l'Araignée
Mes filles, leur dit-il, vous pouvez vous venter,
  D'être pour l'humaine lignée
  Egalement à redouter.
Or avifons aux lieux qu'il vous faut habiter.
  Voyez-vous ces cases étretes,
Et ces Palais fi grands, fi beaux, fi bien dorez ?
Je me fuis propofé d'en faire vos retraites.
  Tenez donc; voicy deux buchetes :

Accommodez-vous, ou tirez.
Il n'eſt rien, dit l'Aragne, aux cafes qui me plaiſe.
L'autre tout au rebours voyant les Palais pleins
　　　De ces gens nommez Medecins,
Ne crut pas y pouvoir demeurer à ſon aiſe.
Elle prend l'autre lot; y plante le piquet;
S'étend à ſon plaiſir fur l'orteil d'un pauvre homme,
Diſant, Je ne crois pas qu'en ce poſte je chomme,
Ny que d'en déloger, & faire mon paquet
　　　Jamais Hipocrate me ſomme.
L'Aragne cependant ſe campe en un lambris,
Comme ſi de ces lieux elle euſt fait bail à vie;
Travaille à demeurer : voila ſa toile ourdie;
　　　Voilà des moûcherons de pris.
Une ſervante vient balayer tout l'ouvrage.
Autre toile tiſſuë; autre coup de balay.
Le pauvre Beſtion tous les jours déménage.
　　　Enfin apres un vain eſſay
Il va trouver la Goute. Elle eſtoit en campagne,
　　　Plus mal-heureuſe mille fois
　　　Que la plus mal-heureuſe Aragne.
Son hoſte la menoit tantoſt fendre du bois,
Tantoſt foüir, hoüer. Goute bien tracaſſée
　　　Eſt, dit-on, à demy penſée.
O, je ne ſçaurois plus, dit-elle, y reſiſter.
Changeons, ma ſœur l'Aragne. Et l'autre d'écouter.
Elle la prend au mot, ſe gliſſe en la cabane :
Point de coup de balay qui l'oblige à changer.
La Goute d'autre part va tout droit ſe loger

Chez un Prelat qu'elle condamne
A jamais du lit ne bouger.
Cataplafmes, Dieu fçait. Les gens n'ont point de honte
De faire aller le mal toûjours de pis en pis.
L'une & l'autre trouva de la forte fon conte;
Et fit tres-fagement de changer de logis.

IX

LE LOUP ET LA CICOGNE

Les Loups mangent gloutonnement.
Un Loup donc eſtant de frairie,
Se preſſa, dit-on, tellement,
Qu'il en penſa perdre la vie.
Un os luy demeura bien avant au goſier.
De bon-heur pour ce Loup qui ne pouvoit crier,
Prés de là paſſe une Cicogne.
Il luy fait ſigne, elle accourt.
Voila l'Operatrice auſſi-toſt en beſogne.
Elle retira l'os; puis pour un ſi bon tour
Elle demanda ſon ſalaire.

Voſtre falaire? dit le Loup :
Vous riez, ma bonne commere.
Quoy, ce n'eſt pas encor beaucoup
D'avoir de mon goſier retiré voſtre cou?
Allez, vous eſtes une ingratte;
Ne tombez jamais fous ma patte.

X

LE LION ABATTU PAR L'HOMME

On expofoit une peinture,
Où l'Artifan avoit tracé
Un Lion d'immenfe ftature
Par un feul homme terracé.
Les regardans en tiroient gloire.
Un Lion en paffant rabattit leur caquet,
Je vois bien, dit-il, qu'en effet
On vous donne icy la victoire :

Mais l'ouvrier vous a deçus,
Il avoit liberté de feindre.
Avec plus de raifon nous aurions le deffus,
Si mes confreres fçavoient peindre.

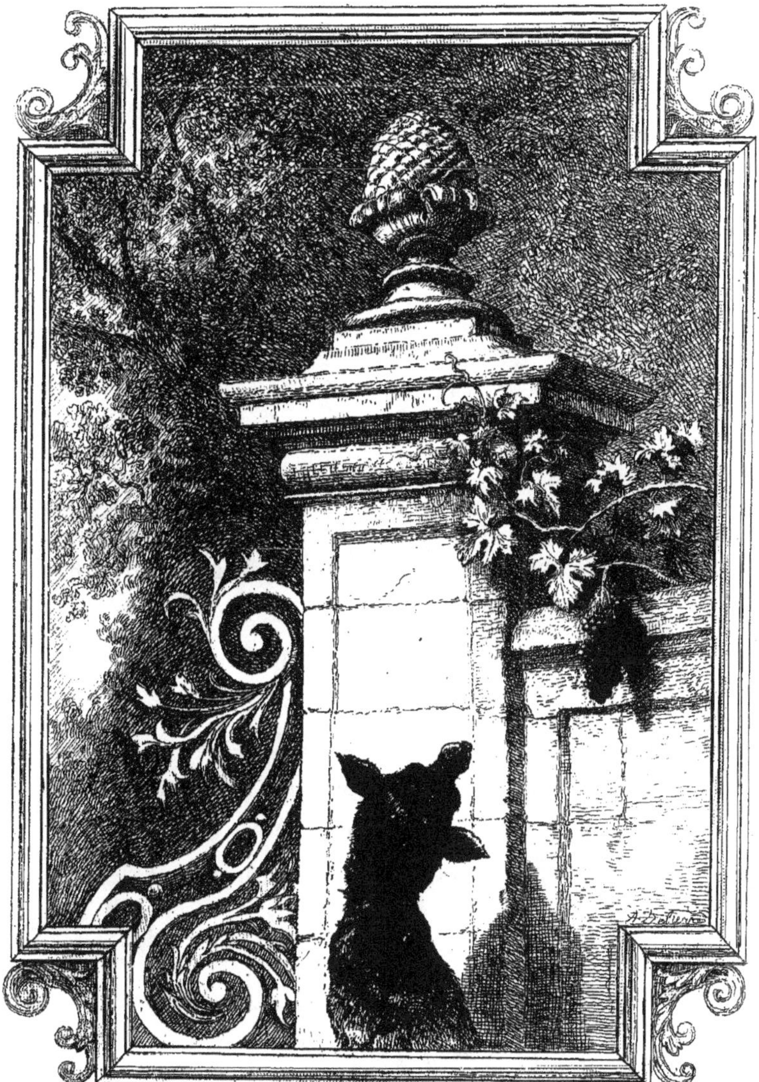

A. Delierre sc. A. Quantin Imp. Edit.

XI

LE RENARD ET LES RAISINS

Certain Renard Gafcon, d'autres difent Normant,
Mourant prefque de faim, vid au haut d'une treille
   Des raifins murs apparemment,
   Et couverts d'une peau vermeille.
Le galand en euft fait volontiers un repas.
   Mais comme il n'y pouvoit atteindre,
Ils font trop verds, dit-il, & bons pour des goujats;
   Fit-il pas mieux que de fe plaindre?

XII

LE CIGNE ET LE CUISINIER

Dans une ménagerie
De volatiles remplie
Vivoient le Cigne & l'Oifon :
Celuy-la deftiné pour les regards du maître,
Celuy-cy pour fon gouft; l'un qui fe piquoit d'eftre
Commenfal du Jardin, l'autre de la maifon.
Des foffez du Chafteau faifant leurs galeries,
Tantoft on les eut veus cofte à cofte nâger,
Tantoft courir fur l'onde, & tantoft fe plonger,
Sans pouvoir fatisfaire à leurs vaines envies.
Un jour le Cuifinier ayant trop beu d'un coup

Prit pour Oifon le Cigne ; & le tenant au cou,
Il alloit l'égorger, puis le mettre en potage.
L'oifeau preft à mourir fe plaint en fon ramage.
  Le Cuifinier fut fort furpris,
   Et vid bien qu'il s'eftoit mépris.
Quoy? je mettrois, dit-il, un tel chanteur en foupe?
Non, non, ne plaife aux Dieux que jamais ma main coupe
  La gorge à qui s'en fert fi bien.

Ainfi dans les dangers qui nous suivent en croupe
  Le doux parler ne nuit de rien.

XIII

LES LOUPS ET LES BREBIS

Apres mille ans & plus de guerre declarée,
Les Loups firent la paix avecque les Brebis.
C'eſtoit aparemment le bien des deux partis :
Car ſi les Loups mangeoient mainte beſte égarée,
Les Bergers de leur peau ſe faiſoient maints habits.
Jamais de liberté, ny pour les paſturages,
   Ny d'autre part pour les carnages.
Ils ne pouvoient joüir qu'en tremblant de leurs biens.
La paix ſe conclud donc; on donne des oſtages;
Les Loups leurs Louveteaux, & les Brebis leurs Chiens
L'échange en eſtant fait aux formes ordinaires,

Et reglé par des Commiffaires,
Au bout de quelque-temps que Meffieurs les Louvats
Se virent Loups parfaits & friands de tuërie ;
Ils vous prennent le temps que dans la Bergerie
   Meffieurs les Bergers n'eftoient pas ;
Eftranglent la moitié des Agneaux les plus gras ;
Les emportent aux dents; dans les bois fe retirent.
Ils avoient averty leurs gens fecretement.
Les Chiens, qui fur leur foy repofoient feurement,
   Furent étranglez en dormant.
Cela fut fi-toft fait qu'à peine ils le fentirent.
Tout fut mis en morceaux; un feul n'en échapa.
   Nous pouvons conclure de là
Qu'il faut faire aux méchans guerre continuelle.
   La paix eft fort bonne de foy :
   J'en conviens; mais dequoy fert-elle
   Avec des ennemis fans foy ?

XIV

LE LION DEVENU VIEUX

Le Lion terreur des forefts,
Chargé d'ans & pleurant fon antique proüeffe,
Fut enfin attaqué par fes propres fujets
    Devenus forts par fa foibleffe.
Le Cheval s'approchant luy donne un coup de pié,
Le Loup un coup de dent, le Bœuf un coup de corne.
Le mal-heureux Lion languiffant, trifte, & morne,
Peut à peine rugir par l'âge eftropié.

A. Delierre sc.   A. Quantin Imp. Edit

Il attend fon deftin fans faire aucunes plaintes;
Quand voyant l'Afne mefme à fon antre accourir,
Ah c'eft trop, luy dit-il, je voulois bien mourir;
Mais c'eft mourir deux fois que fouffrir tes atteintes.

XV

PHILOMELE ET PROGNÉ

Autrefois Progné l'hirondelle
De fa demeure s'écarta;
Et loin des Villes s'emporta
Dans un bois où chantoit la pauvre Philomele.
Ma fœur, luy dit Progné, comment vous portez-vous?
Voicy tantoft mille ans que l'on ne vous a vûë :
Je ne me fouviens point que vous foyez venuë
Depuis le temps de Thrace habiter parmy nous.
     Dites-moy, que penfez-vous faire ?
Ne quitterez-vous point ce fejour folitaire?
Ah! reprit Philomele, en eft-il de plus doux?

Progné luy repartit; Et quoy, cette mufique
            Pour ne chanter qu'aux animaux?
            Tout au plus à quelque ruftique?
Le defert eft-il fait pour des talens fi beaux?
Venez faire aux citez éclater leurs merveilles.
            Auffi bien en voyant les bois,
Sans ceffe il vous fouvient que Terée autrefois
            Parmy des demeures pareilles,
Exerça fa fureur fur vos divins appas.
Et c'eft le fouvenir d'un fi cruel outrage,
Qui fait, reprit fa fœur, que je ne vous fuis pas.
            En voyant les hommes, helas!
            Il m'en fouvient bien davantage.

XVI

LA FEMME NOYÉE

Je ne suis pas de ceux qui disent, Ce n'est rien ;
   C'est une femme qui se noye.
Je dis que c'est beaucoup ; & ce sexe vaut bien
Que nous le regretions, puisqu'il fait nostre joye.
Ce que j'avance icy n'est point hors de propos ;
   Puisqu'il s'agit en cette Fable
   D'une femme qui dans les flots
Avoit finy ses jours par un sort déplorable.
   Son époux en cherchoit le corps,
   Pour luy rendre en cette avanture
   Les honneurs de la sepulture.

Il arriva que fur les bords
Du fleuve auteur de fa difgrace
Des gens fe promenoient ignorans l'accident.
Ce mary donc leur demandant
S'ils n'avoient de fa femme apperceu nulle trace,
Nulle, reprit l'un d'eux, mais cherchez-la plus bas,
Suivez le fil de la riviere.
Un autre repartit : Non, ne le fuivez pas;
Rebrouffez pluftoft en arriere.
Quelle que foit la pente et l'inclination
Dont l'eau par fa courfe l'emporte.
L'efprit de contradiction
L'aura fait floter d'autre forte.
Cét homme fe railloit affez hors de faifon.
Quant à l'humeur contredifante,
Je ne fçais s'il avoit raifon.
Mais que cette humeur foit ou non
Le défaut du fexe & fa pente;
Quiconque avec elle naiftra
Sans faute avec elle mourra,
Et jufqu'au bout contredira,
Et, s'il peut, encor par delà.

XVII

LA BELETTE ENTRÉE DANS UN GRENIER

Damoiselle Belette au corps long & floüet,
Entra dans un Grenier par un trou fort étroit :
   Elle fortoit de maladie.
   Là vivant à difcretion,
   La galande fit chere lie,
   Mangea, rongea ; Dieu fçait la vie,
Et le lard qui perit en cette occafion.
   La voila pour conclufion
   Graffe, mafluë, & rebondie.
Au bout de la femaine ayant difné fon fou,
Elle entend quelque bruit, veut fortir par le trou,

Ne peut plus repaffer, & croit s'eftre méprife.
    Apres avoir fait quelques tours,
C'eft, dit-elle, l'endroit, me voila bien furprife;
J'ay paffé par icy depuis cinq ou fix jours.
    Un Rat qui la voyoit en peine
Luy dit, Vous aviez lors la penfe un peu moins pleine.
Vous eftes maigre entrée, il faut maigre fortir;
Ce que je vous dis là, l'on le dit à bien d'autres.
Mais ne confondons point, par trop approfondir,
    Leurs affaires avec les voftres.

XVIII

LE CHAT ET UN VIEUX RAT

J'ay leu chez un conteur de Fables
Qu'un fecond Rodilard, l'Alexandre des Chats,
L'Attila, le fleau des Rats,
Rendoit ces derniers miferables.
J'ay leu, dis-je, en certain auteur,
Que ce Chat exterminateur,
Vray Cerbere, eftoit craint une lieuë à la ronde;
Il vouloit de Souris dépeupler tout le monde.
Les planches qu'on fufpend fur un leger appuy,
La mort aux Rats, les Souricieres,
N'eftoient que jeux au prix de luy.

A. Delierre sc.   A. Quantin Imp. Edit.

          Comme il void que dans leurs tanieres
          Les Souris eſtoient priſonnieres ;
Qu'elles n'oſoient ſortir ; qu'il avoit beau chercher ;
Le galand fait le mort ; & du haut d'un plancher
Se pend la teſte en bas. La beſte ſcelerate
A de certains cordons ſe tenoit par la pate.
Le peuple des Souris croit que c'eſt chaſtiment ;
Qu'il a fait un larcin de roſt ou de fromage,
Egratigné quelqu'un, cauſé quelque dommage ;
Enfin qu'on a pendu le mauvais garnement.
          Toutes, dis-je, unanimement
Se promettent de rire à ſon enterrement ;
Mettent le nez à l'air, montrent un peu la teſte ;
          Puis rentrent dans leurs nids à rats ;
          Puis reſſortant font quatre pas ;
          Puis enfin ſe mettent en queſte.
          Mais voicy bien une autre feſte.
Le pendu reſſuſcite ; & ſur ſes pieds tombant
          Attrape les plus pareſſeuſes.
Nous en ſçavons plus d'un, dit-il en les gobant :
C'eſt tour de vieille guerre ; & vos cavernes creuſes
Ne vous ſauveront pas ; je vous en avertis ;
          Vous viendrez toutes au logis.
Il prophetizoit vray ; noſtre maiſtre Mitis
Pour la ſeconde fois les trompe & les affine ;
          Blanchit ſa robe, & s'enfarine ;
          Et de la ſorte déguiſé
Se niche & ſe blotit dans une huche ouverte :
          Ce fut à luy bien aviſé :

La gent trote menu s'en vient chercher fa perte,
Un Rat fans plus s'abftient d'aller flairer autour.
C'eftoit un vieux routier ; il fçavoit plus d'un tour ;
Mefme il avoit perdu fa queuë à la bataille.
Ce bloc enfariné ne me dit rien qui vaille,
S'écria-t-il de loin au General des Chats.
Je foupçonne deffous encor quelque machine.
   Rien ne te fert d'eftre farine ;
Car quand tu ferois fac je n'approcherois pas.
C'eftoit bien dit à luy ; j'approuve fa prudence.
    Il eftoit experimenté ;
   Et fçavoit que la méfiance
   Eft mere de la feureté.

LIVRE QUATRIÈME

I

LE LION AMOUREUX

A Mademoiselle de Sevigné

Sevigné de qui les attraits
Servent aux graces de modele,
Et qui nâquiſtes toute belle,
A voſtre indifference prés,
Pourriez-vous eſtre favorable
Aux jeux innocens d'une Fable?
Et voir fans vous épouvanter
Un Lion qu'amour fçeut dompter?
Amour eſt un eſtrange maiſtre.
Heureux qui peut ne le connoiſtre
Que par recit, luy ny fes coups!

Quand on en parle devant vous,
Si la verité vous offenfe,
La Fable au moins fe peut fouffrir.
Celle-cy prend bien l'affeurance
De venir à vos pieds s'offrir,
Par zele & par reconnoiffance.

Du temps que les beftes parloient
Les Lions entre-autres vouloient
Eftre admis dans noftre alliance.
Pourquoy non? puifque leur engeance
Valoit la noftre en ce temps-là,
Ayant courage, intelligence,
Et belle hure outre cela.
Voicy comment il en alla.
Un Lion de haut parentage
En paffant par un certain pré,
Rencontra Bergere à fon gré.
Il la demande en mariage.
Le pere auroit fort fouhaité
Quelque gendre un peu moins terrible.
La donner luy fembloit bien dur;
La refufer n'eftoit pas feur.
Mefme un refus euft fait possible,
Qu'on euft veu quelque beau matin
Un mariage clandeftin.
Car outre qu'en toute maniere
La belle eftoit pour les gens fiers;
Fille fe coëffe volontiers

D'amoureux à longue criniere.
Le Pere donc ouvertement
N'ofant renvoyer noftre amant,
Luy dit : Ma fille eft delicate ;
Vos griffes la pourront bleffer
Quand vous voudrez la careffer.
Permettez donc qu'à chaque pate
On vous les rogne ; & pour les dents,
Qu'on vous les lime en mefme-temps.
Vos baifers en feront moins rudes,
Et pour vous plus delicieux ;
Car ma fille y répondra mieux
Eftant fans ces inquietudes.
Le Lion confent à cela
Tant fon ame eftoit aveuglée.
Sans dents ny griffes le voila
Comme place démantelée.
On lafcha fur luy quelques chiens,
Il fit fort peu de refiftance.
Amour, amour, quand tu nous tiens,
On peut bien dire, Adieu prudence.

II

LE BERGER ET LA MER

Du rapport d'un troupeau dont il vivoit fans foins
Se contenta long-temps un voifin d'Amphitrite.
   Si fa fortune eftoit petite,
   Elle eftoit feure tout au moins.
A la fin les trefors déchargez sur la plage
Le tenterent fi bien qu'il vendit fon troupeau,
Trafiqua de l'argent, le mit entier fur l'eau ;
   Cét argent perit par naufrage.
Son maiftre fut reduit à garder les Brebis ;
Non plus Berger en chef comme il eftoit jadis,
Quand fes propres Moutons paiffoient fur le rivage

Celuy qui s'eſtoit veu Coridon ou Tircis
  Fut Pierrot & rien davantage.
Au bout de quelque-temps il fit quelques profits;
  Racheta des beſtes à laine;
Et comme un jour les vents retenant leur haleine
Laiſſoient paiſiblement aborder les vaiſſeaux;
Vous voulez de l'argent, ô Meſdames les Eaux,
Dit-il, adreſſez-vous, je vous prie, à quelque-autre :
  Ma foy vous n'aurez pas le noſtre.
Cecy n'eſt pas un conte à plaiſir inventé.
  Je me fers de la verité
  Pour montrer par experience,
  Qu'un fou quand il est aſſeuré
  Vaut mieux que cinq en eſperance :
Qu'il ſe faut contenter de ſa condition;
Qu'aux conſeils de la Mer & de l'Ambition
  Nous devons fermer les oreilles.
Pour un qui s'en loüera, dix mille s'en plaindront.
  La Mer promet monts & merveilles;
Fiez-vous-y, les vents & les voleurs viendront.

III

LA MOUCHE ET LA FOURMY

La Moûche & la Fourmy conteſtoient de leur prix.
    O Jupiter! dit la premiere,
Faut-il que l'amour propre aveugle les eſprits
    D'une ſi terrible maniere,
    Qu'un vil & rampant animal
A la fille de l'air oſe ſe dire égal?
Je hante les Palais; je m'aſſiez à ta table :
Si l'on t'immole un bœuf, j'en gouſte devant toy :
Pendant que celle-cy chetive & miſerable,
Vit trois jours d'un feſtu qu'elle a traîné chez ſoy.
    Mais ma mignonne, dites-moy,

Vous campez-vous jamais fur la tefte d'un Roy,
     D'un Empereur, ou d'une belle?
Je le fais; & je baife un beau fein quand je veux :
     Je me jouë entre des cheveux :
Je rehauffe d'un teint la blancheur naturelle :
Et la derniere main que met à fa beauté
     Une femme allant en conquefte,
C'eft un ajuftement des Moûches emprunté.
     Puis allez-moy rompre la tefte
     De vos greniers. Avez-vous dit?
     Luy repliqua la ménagere.
Vous hantez les Palais : mais on vous y maudit.
     Et quant à goûter la premiere
     De ce qu'on fert devant les Dieux,
     Croyez-vous qu'il en vaille mieux?
Si vous entrez par tout : auffi font les profanes.
Sur la tefte des Rois & fur celle des Afnes
Vous allez vous planter; je n'en difconviens pas;
     Et je fçais que d'un prompt trépas
Cette importunité bien fouvent eft punie.
Certain ajuftement, dites-vous, rend jolie.
J'en conviens : il eft noir ainfi que vous & moy.
Je veux qu'il ait nom Moûche, eft-ce un fujet pourquoy
     Vous faffiez fonner vos merites?
Nomme-t'on pas auffi Moûches les parafites?
Ceffez donc de tenir un langage fi vain :
     N'ayez plus ces hautes penfées
     Les Moûches de Cour font chaffées :
Les Moûcharts font pendus : & vous mourrez de faim,

De froid, de langueur, de mifere,
Quand Phœbus regnera fur un autre hemifphere.
Alors je joüiray du fruit de mes travaux.
   Je n'iray par monts ny par vaux
   M'expofer au vent, à la pluye.
   Je vivray fans melancolie.
Le foin que j'auray pris, de foin m'exemptera.
   Je vous enfeigneray par là
Ce que c'eft qu'une fauffe ou veritable gloire.
Adieu : je perds le temps : laiffez-moy travailler.
   Ny mon grenier ny mon armoire
   Ne fe remplit à babiller.

IV

LE JARDINIER ET SON SEIGNEUR

Vn amateur du jardinage,
Demy bourgeois, demy manant,
Poſſedoit en certain village
Un jardin aſſez propre, & le clos à tenant.
Il avoit de plan vif fermé cette étenduë,
Là croiſſoit à plaiſir l'ozeille & la laituë ;
Dequoy faire à Margot pour ſa feſte un bouquet ;
Peu de jaſmin d'Eſpagne, & force ſerpolet.
Cette félicité par un Lievre troublée
Fit qu'au Seigneur du Bourg noſtre homme ſe plaignit.
Ce maudit animal vient prendre ſa goulée

Soir & matin, dit-il, & des pieges fe rit :
Les pierres, les baftons, y perdent leur credit.
Il eft forcier je croy. Sorcier? je l'en défie,
Repartit le Seigneur. Fuft-il diable, Miraut
En depit de fes tours l'attrapera bien-toft.
Je vous en déferay, bon homme, fur ma vie :
Et quand? & dés demain, fans tarder plus long-temps.
La partie ainfi faite, il vient avec fes gens.
Çà déjeunons, dit-il, vos poulets font-ils tendres?
La fille du logis, qu'on vous voye, approchez.
Quand la marierons-nous? quand aurons-nous des gendres?
Bon homme, c'eft ce coup qu'il faut, vous m'entendez,
  Qu'il faut foüiller à l'efcarcelle.
Difant ces mots il fait connoiffance avec elle ;
  Auprés de luy la fait affeoir ;
Prend une main, un bras, leve un coin du mouchoir ;
  Toutes fottifes dont la Belle
  Se défend avec grand refpect ;
Tant qu'au pere à la fin cela devient fufpect.
Cependant on fricaffe, on fe ruë en cuifine.
De quand font vos jambons? ils ont fort bonne mine.
Monfieur ils font à vous. Vrayment, dit le Seigneur,
  Je les reçois, & de bon cœur.
Il déjeûne tres bien, auffi fait fa famille,
Chiens, chevaux, & valets, tous gens bien endentez :
Il commande chez l'hofte, y prend des libertez,
  Boit fon vin, careffe fa fille.
L'embarras des Chaffeurs fuccede au déjeuné.
  Chacun s'anime & fe prepare :

Les trompes & les cors font un tel tintamarre,
  Que le bon homme eſt eſtonné.
Le pis fut que l'on mit en piteux équipage
Le pauvre potager; adieu planches, quarreaux;
  Adieu chicorée & poreaux;
  Adieu dequoy mettre au potage.
Le Lievre eſtoit giſté deſſous un maiſtre chou.
On le queſte, on le lance, il s'enfuit par un trou,
Non pas trou, mais troüée, horrible & large playe
  Que l'on fit à la pauvre haye
Par ordre du Seigneur; car il euſt eſté mal
Qu'on n'euſt pû du jardin ſortir tout à cheval.
Le bon homme diſoit : Ce ſont là jeux de Prince :
Mais on le laiſſoit dire : & les chiens, & les gens
Firent plus de degât en une heure de temps,
  Que n'en auroient fait en cent ans
  Tous les Lievres de la Province.

Petits Princes vuidez vos debats entre vous :
De recourir aux Rois vous feriez de grands fous.
Il ne les faut jamais engager dans vos guerres,
  Ny les faire entrer ſur vos terres.

V

L'ASNE ET LE PETIT CHIEN

Ne forçons point noſtre talent;
Nous ne ferions rien avec grace.
Jamais un lourdaut, quoy qu'il faſſe,
Ne ſçauroit paſſer pour galant.
Peu de gens que le Ciel cherit & gratifie
Ont le don d'agréer infus avec la vie.
C'eſt un point qu'il leur faut laiſſer;
Et ne pas reſſembler à l'Aſne de la Fable,
Qui pour ſe rendre plus aimable
Et plus cher à ſon Maiſtre, alla le careſſer.
Comment, diſoit-il en ſon ame,

Ce Chien parce qu'il eſt mignon
Vivra de pair à compagnon
Avec Monſieur, avec Madame,
Et j'auray des coups de baſton?
Que fait-il? il donne la pate,
Puis auſſi-toſt il eſt baiſé.
S'il en faut faire autant afin que l'on me flate,
Cela n'eſt pas bien mal-aiſé.
Dans cette admirable penſée
Voyant ſon Maiſtre en joye, il s'en vient lourdement,
Leve une corne toute uſée;
La luy porte au menton fort amoureuſement,
Non ſans accompagner pour plus grand ornement
De ſon chant gracieux cette action hardie.
Oh oh! quelle careſſe, & quelle melodie!
Dit le Maiſtre auſſi-toſt. Hola, Martin Bâton.
Martin Bâton accourt; l'Aſne change de ton.
Ainſi finit la Comedie.

En conceuſſent plus de peur :
Cela cauſa leur mal-heur.
Trou, ny fente, ny crevaſſe
Ne fut large aſſez pour eux :
Au lieu que la populace
Entroit dans les moindres creux.
La principale jonchée
Fut donc des principaux Rats.
Une teſte empanachée
N'eſt pas petit embarras.
Le trop ſuperbe equipage
Peut ſouvent en un paſſage
Cauſer du retardement.
Les petits en toute affaire
Eſquivent fort aiſément :
Les grands ne le peuvent faire.

VII

LE SINGE ET LE DAUFIN

C'estoit chez les Grecs un usage,
Que sur la Mer tous voyageurs
Menoient avec eux en voyage
Singes & Chiens de basteleurs.
Un Navire en cét équipage
Non loin d'Athenes fit naufrage.
Sans les Daufins tout eust pery.
Cét animal est fort amy
De nostre espece; En son Histoire

Pline le dit, il le faut croire.
Il fauva donc tout ce qu'il pût.
Mefme un Singe en cette occurrence,
Profitant de la reffemblance,
Luy penfa devoir fon falut.
Un Daufin le prit pour un homme,
Et fur fon dos le fit affeoir,
Si gravement qu'on euft crû voir
Ce chanteur que tant on renomme.
Le Daufin l'alloit mettre à bord;
Quand par hazard il lui demande :
Eftes-vous d'Athenes la grande?
Oüy, dit l'autre, on m'y connoift fort.
S'il vous y furvient quelque affaire
Employez-moy; car mes parens
Y tiennent tous les premiers rangs;
Un mien coufin eft Juge-Maire.
Le Daufin dit bien-grammercy.
Et le Pirée a part auffi
A l'honneur de voftre prefence?
Vous le voyez fouvent? Je penfe.
Tous les jours; il eft mon amy,
C'eft une vieille connoiffance.
Noftre Magot prit pour ce coup
Le nom d'un port pour un nom d'homme.
De telles gens il eft beaucoup,
Qui prendroient Vaugirard pour Rome;
Et qui, caquetans au plus drû,
Parlent de tout & n'ont rien vû.

Le Daufin rit, tourne la tefte,
Et le Magot confideré
Il s'apperçoit qu'il n'a tiré
Du fond des eaux rien qu'une befte.
Il l'y replonge, & va trouver
Quelque homme afin de le fauver.

VIII

L'HOMME ET L'IDOLE DE BOIS

Certain Payen chez luy gardoit un Dieu de bois ;
De ces Dieux qui font fourds bien qu'ayans des oreilles.
Le Payen cependant s'en promettoit merveilles.
      Il luy couftoit autant que trois.
      Ce n'eftoient que vœux & qu'offrandes,
Sacrifices de bœufs couronnez de guirlandes.
      Jamais Idole, quel qu'il fuft,
      N'avoit eu cuifine fi graffe ;
Sans que pour tout ce culte à fon hofte il écheût
Succeffion, trefor, gain au jeu, nulle grace.
Bien plus, fi pour un fou d'orage en quelque endroit

S'amaſſoit d'une ou d'autre ſorte,
L'Homme en avoit ſa part, & ſa bourſe en ſouffroit.
La pitance du Dieu n'en eſtoit pas moins forte.
A la fin ſe fâchant de n'en obtenir rien,
Il vous prend un evier, met en pieces l'Idole,
Le trouve remply d'or. Quand je t'ay fait du bien,
M'as-tu valu, dit-il, ſeulement une obole ?
Va, ſors de mon logis : cherche d'autres autels.
  Tu reſſembles aux naturels
  Maheureux, groſſiers, & ſtupides :
On n'en peut rien tirer qu'avecque le bâton.
Plus je te rempliſſois, plus mes mains eſtoient vuides :
  J'ay bien fait de changer de ton.

IX

LE GEAY PARÉ DES PLUMES DU PAN

Un Pan muoit; un Geay prit son plumage;
    Puis apres fe l'accommoda;
Puis parmy d'autres Pans tout fier fe panada,
    Croyant eftre un beau perfonnage.
Quelqu'un le reconnût; il fe vit bafoüé,
    Berné, fifflé, moqué, joüé,
Et par Meffieurs les Pans plumé d'eftrange forte :
Mefme vers fes pareils s'eftant refugié
    Il fut par eux mis à la porte.
Il eft affez de Geais à deux pieds comme luy,

Qui fe parent fouvent des dépoüilles d'autruy,
  Et que l'on nomme plagiaires.
Je m'en tais; & ne veux leur caufer nul ennuy :
  Ce ne font pas là mes affaires.

X

LE CHAMEAU, ET LES BASTONS FLOTANS

Le premier qui vid un Chameau
S'enfuit à cét objet nouveau;
Le fecond approcha; le troifiéme ofa faire
Un licou pour le Dromadaire.
L'accoûtumance ainfi nous rend tout familier.
Ce qui nous paroiſſoit terrible & fingulier,
S'apprivoife avec noftre veuë,
Quand ce vient à la continuë.
Et puifque nous voicy tombez fur ce fujet.
On avoit mis des gens au guet,
Qui voyant fur les eaux de loin certain objet,

Ne pûrent s'empêcher de dire,
Que c'eſtoit un puiſſant navire.
Quelques momens apres l'objet devint brûlot,
Et puis nacelle, & puis balot;
Enfin bâtons flotans ſur l'onde.
J'en fçais beaucoup de par le monde
A qui cecy conviendroit bien :
De loin c'eſt quelque choſe, & de prés ce n'eſt rien.

XI

LA GRENOUILLE ET LE RAT

Tel, comme dit Merlin, cuide engeigner autruy,
  Qui fouvent s'engeigne foy-mefme.
J'ay regret que ce mot foit trop vieux aujourd'huy :
Il m'a toûjours femblé d'une energie extrême.
Mais afin d'en venir au deffein que j'ay pris.
Un Rat plein d'en-bon-point, gras, & des mieux nourris,
Et qui ne connoiffoit l'Advent ny le Carême,
Sur le bord d'un mareft égayoit fes efprits.
Une Grenoüille approche, & luy dit en fa langue :
Venez me voir chez moy ; je vous feray feftin.

Meffire Rat promit foudain :
Il n'eftoit pas befoin de plus longue harangue.
Elle allegua pourtant les delices du bain,
La curiofité, le plaifir du voyage,
Cent raretez à voir le long du marécage :
Un jour il conteroit à fes petits enfans
Les beautez de ces lieux, les mœurs des habitans,
Et le gouvernement de la chofe publique
    Aquatique.
Un point fans plus tenoit le galand empêché.
Il nâgeoit quelque peu ; mais il faloit de l'aide.
La Grenoüille à cela trouve un tres-bon remede.
Le Rat fut à fon pied par la pate attaché.
  Un brin de jonc en fit l'affaire.
Dans le mareft entrez, noftre bonne commere
S'efforce de tirer fon hofte au fond de l'eau,
Contre le droit des gens, contre la foy jurée ;
Pretend qu'elle en fera gorge chaude & curée ;
(C'eftoit à fon avis un excellent morceau.)
Déja dans fon efprit la galande le croque.
Il attefte les Dieux ; la perfide s'en moque.
Il refifte ; elle tire. En ce combat nouveau,
Un Milan qui dans l'air planoit, faifoit la ronde,
Voit d'en-haut le pauvret fe debattant fur l'onde.
Il fond deffus, l'enleve, & par mefme moyen
   La Grenoüille & le lien.
   Tout en fut ; tant & fi bien
   Que de cette double proye
   L'Oifeau fe donne au cœur joye ;

Ayant de cette façon,
A souper chair & poisson.

La ruse la mieux ourdie
Peut nuire à son inventeur :
Et souvent la perfidie
Retourne sur son autheur.

XII

TRIBUT ENVOYÉ PAR LES ANIMAUX
A ALEXANDRE

Vne Fable avoit cours parmy l'antiquité :
   Et la raifon ne m'en est pas connuë.
Que le Lecteur en tire une moralité.
     Voicy la Fable toute nuë.

   La Renommée ayant dit en cent lieux,
Qu'un fils de Jupiter, un certain Alexandre,
Ne voulant rien laiffer de libre fous les Cieux,
    Commandoit que sans plus attendre
     Tout peuple à fes pieds s'allaft rendre;
Quadrupedes, Humains, Elephans, Vermiffeaux,

   Les Republiques des oyſeaux :
   La Deeſſe aux cent bouches, dis-je,
  Ayant mis par tout la terreur
En publiant l'Edit du nouvel Empereur;
   Les Animaux, & toute eſpece lige
De ſon ſeul appetit, creurent que cette fois
   Il faloit ſubir d'autres loix.
On s'aſſemble au deſert; Tous quittent leur taniere
Apres divers avis, on reſout, on conclut,
   D'envoyer hommage & tribut.
   Pour l'hommage & pour la maniere,
Le Singe en fut chargé : l'on luy mit par écrit
   Ce que l'on vouloit qui fût dit.
   Le ſeul tribut les tint en peine.
  Car que donner? il faloit de l'argent.
   On en prit d'un Prince obligeant,
   Qui poſſedant dans son domaine
  Des mines d'or fournit ce qu'on voulut.
Comme il fut queſtion de porter ce tribut,
   Le Mulet & l'Aſne s'offrirent,
Aſſiſtez du Cheval ainſi que du Chameau.
   Tous quatre en chemin ils ſe mirent
  Avec le Singe Ambaſſadeur nouveau.
La Caravane enfin rencontre en un paſſage
Monſeigneur le Lion. Cela ne leur plût point.
   Nous nous rencontrons tout à point,
Dit-il, et nous voicy compagnons de voyage.
   J'allois offrir mon fait à part;
Mais bien qu'il ſoit leger, tout fardeau m'embaraſſe.

Obligez-moy de me faire la grace
  Que d'en porter chacun un quart.
Ce ne vous fera pas une charge trop grande;
Et j'en feray plus libre, & bien plus en eftat,
En cas que les voleurs attaquent noftre bande,
  Et que l'on en vienne au combat.
Econduire un Lion rarement fe pratique.
Le voila donc admis, foulagé, bien reçû,
Et mal-gré le Héros de Jupiter iffû,
Faifant chere & vivant fur la bourfe publique.
  Ils arriverent dans un pré
Tout bordé de ruiffeaux, de fleurs tout diapré;
  Où maint Mouton cherchoit fa vie;
  Sejour du frais, veritable patrie
Des Zephirs. Le Lion n'y fut pas, qu'à ces gens
  Il fe plaignit d'eftre malade.
  Continuez voftre Ambaffade,
Dit-il, je fens un feu qui me brûle au dedans,
Et veux chercher icy quelque herbe falutaire.
  Pour vous ne perdez point de temps.
Rendez-moy mon argent, j'en puis avoir affaire.
On déballe; & d'abord le Lion s'écria
  D'un ton qui témoignoit fa joye :
Que de filles, ô Dieux, mes pieces de monnoye
Ont produites! voyez; La plufpart font déja
  Auffi grandes que leurs Meres.
Le croift m'en appartient. Il prit tout là-deffus;
Ou bien s'il ne prit tout il n'en demeura gueres.
  Le Singe & les fommiers confus

Sans ofer repliquer en chemin fe remirent.
Au fils de Jupiter on dit qu'ils fe plaignirent,
 Et n'en eurent point de raifon.
Qu'euft-il fait? C'euft efté Lion contre Lion;
Et le Proverbe dit : Corfaires à Corfaires
L'un l'autre s'attaquant ne font pas leurs affaires.

XIII

LE CHEVAL S'ESTANT VOULU VANGER
DU CERF

De tout temps les Chevaux ne font nez pour les hommes.
Lors que le genre humain de glan fe contentoit,
Afne, Cheval, & Mule aux forefts habitoit;
Et l'on ne voyoit point, comme au Siecle où nous sommes,
  Tant de felles & tant de bafts,
  Tant de harnois pour les combats,
  Tant de chaifes, tant de carroffes;
  Comme auffi ne voyoit-on pas
  Tant de feftins & tant de nopces
 Or un Cheval eut alors different
  Avec un Cerf plein de vîteffe

Et ne pouvant l'attraper en courant,
Il eut recours à l'Homme, implora fon adreffe.
L'Homme luy mit un frein, luy fauta fur le dos,
Ne luy donna point de repos
Que le Cerf ne fût pris, & n'y laiffaft la vie.
Et cela fait le Cheval remercie
L'Homme fon bien-faiteur, difant, Je fuis à vous,
Adieu. Je m'en retourne en mon fejour fauvage.
Non pas cela, dit l'Homme, il fait meilleur chez nous
Je vois trop quel eft voftre ufage.
Demeurez donc, vous ferez bien traité,
Et jufqu'au ventre en la litiere.

Helas! que fert la bonne chere
Quand on n'a pas la liberté?
Le Cheval s'apperceut qu'il avoit fait folie;
Mais il n'eftoit plus temps : déja fon écurie
Eftoit prefte & toute baftie.
Il y mourut en traînant fon lien;
Sage s'il euft remis une legere offenfe.
Quel que foit le plaifir que caufe la vengeance,
C'eft l'acheter trop cher, que l'acheter d'un bien
Sans qui les autres ne font rien.

XIV

LE RENARD ET LE BUSTE

Les Grands pour la plufpart font mafques de theâtre.
Leur apparence impofe au vulgaire idolâtre.
L'Afne n'en fçait juger que par ce qu'il en void.
Le Renard au contraire à fonds les examine,
Les tourne de tout fens; et quand il s'apperçoit
   Que leur fait n'est que bonne mine.
Il leur applique un mot qu'un Bufte de Heros
   Luy fit dire fort à propos.

C'eſtoit un Buſte creux, & plus grand que nature.
Le Renard en loüant l'effort de la fculpture,
Belle teſte, dit-il, *mais de cervelle point.*
Combien de grands Seigneurs font Buſtes en ce point?

XV

LE LOUP, LA CHEVRE, ET LE CHEVREAU

XVI

LE LOUP, LA MERE, ET L'ENFANT

La Bique allant remplir fa traînante mammelle,
  Et paiftre l'herbe nouvelle,
  Ferma fa porte au loquet;
  Non fans dire à fon Biquet;
  Gardez-vous fur voftre vie
  D'ouvrir que l'on ne vous die,
  Pour enfeigne & mot du guet,
  Foin du Loup & de fa race.
  Comme elle difoit ces mots,
  Le Loup de fortune paffe.

Il les recüeille à propos,
Et les garde en fa mémoire.
La Bique, comme on peut croire
N'avoit pas veu le glouton.
Dés qu'il la void partie, il contrefait fon ton;
Et d'une voix papelarde
Il demande qu'on ouvre, en difant foin du Loup,
Et croyant entrer tout d'un coup.
Le Biquet foupçonneux par la fente regarde.
Montrez-moy pate blanche, ou je n'ouvriray point,
S'écria-t-il d'abord (pate blanche eft un point
Chez les Loups comme on fçait rarement en ufage).
Celuy-cy fort furpris d'entendre ce langage,
Comme il eftoit venu s'en retourna chez foy.
Où feroit le Biquet s'il euft ajoûté foy
Au mot du guet que de fortune
Noftre Loup avoit entendu?
Deux feuretés valent mieux qu'une :
Et le trop en cela ne fut jamais perdu.

Ce Loup me remet en memoire
Un de fes compagnons qui fut encor mieux pris.

Il y perit; voicy l'Hiftoire.
Un villageois avoit à l'écart fon logis.
Meffer Loup attendoit chape-chute à la porte.
Il avoit veu fortir gibier de toute forte;
  Veaux de lait, Agneaux & Brebis,
Regimens de Dindons, enfin bonne Provende.
Le larron commençoit pourtant à s'ennuyer.
  Il entend un enfant crier.
  La mere auffi-toft le gourmande,
  Le menace s'il ne fe taift
De le donner au Loup. L'Animal fe tient preft;
Remerciant les Dieux d'une telle avanture.
Quand la Mere appaifant fa chere geniture,
Luy dit : Ne criez point; s'il vient, nous le tuërons.
Qu'eft-cecy? s'écria le mangeur de Moutons.
Dire d'un, puis d'un autre? Eft-ce ainfi que l'on traite
Les gens faits comme moy? Me prend-on pour un fot?
  Que quelque jour ce beau marmot
  Vienne au bois cueillir la noifette.
Comme il difoit ces mots, on fort de la maifon.
Un chien de cour l'arrefte. Epieux et fourches fieres
  L'ajuftent de toutes manieres.
Que veniez-vous chercher en ce lieu? luy dit-on.
  Auffi-toft il conta l'affaire.
  Mercy de moy, luy dit la Mere,
Tu mangeras mon fils? L'ay-je fait à deffein
  Qu'il affouviffe un jour ta faim?
  On affomma la pauvre befte.
Un manand luy coupa le pied droit & la tefte.

Le Seigneur du village à fa porte les mit.
Et ce dicton Picard à l'entour fut écrit :
Biaux chires leups n'écoutez mie
Mere tenchent chen fieux qui crie.

XVII

PAROLE DE SOCRATE

Socrate un jour faifant bâtir,
Chacun cenfuroit fon ouvrage.
L'un trouvoit les dedans, pour ne luy point mentir,
Indignes d'un tel perfonnage.
L'autre blâmoit la face, & tous eftoient d'avis,
Que les appartemens en eftoient trop petits.
Quelle maifon pour luy? L'on y tournoit à peine.
Pleuft au Ciel que de vrais amis
Telle qu'elle eft, dit-il, elle pût eftre pleine!
Le bon Socrate avoit raifon

De trouver pour ceux-là trop grande fa maifon.
Chacun fe dit amy; mais fol qui s'y repofe,
      Rien n'eft plus commun que ce nom,
      Rien n'eft plus rare que la chofe.

XVIII

LE VIEILLARD ET SES ENFANTS

Toute puiffance eft foible à moins que d'eftre unie.
Ecoutez là-deffus l'Efclave de Phrigie.
Si j'ajoufte du mien à fon invention,
C'eft pour peindre nos mœurs, & non point par envie ;
Je fuis trop au deffous de cette ambition.
Phedre encherit fouvent par un motif de gloire ;
Pour moy, de tels penfers me feroient mal-feans.
Mais venons à la Fable, ou pluftoft à l'Hiftoire
De celuy qui tâcha d'unir tous fes enfans.

Un Vieillard preft d'aller où la mort l'appelloit,

Mes chers enfans, dit-il, (à ſes fils il parloit)
Voyez ſi vous romprez ces dards liez enſemble ;
Je vous expliqueray le nœud qui les aſſemble.
L'Aîné les ayant pris, & fait tous ſes efforts,
Les rendit en diſant : Je le donne aux plus forts.
Un ſecond luy ſuccede, & ſe met en poſture ;
Mais en vain. Un cadet tente auſſi l'aventure.
Tous perdirent leur tems, le faiſceau reſiſta ;
De ces dards joints enſemble un ſeul ne s'éclata.
Foibles gens! dit le Pere, il faut que je vous montre
Ce que ma force peut en ſemblable rencontre.
On crût qu'il ſe moquoit, on ſoûrit, mais à tort.
Il ſépare les dards, & les rompt ſans effort.
Vous voyez, reprit-il, l'effet de la concorde.
Soyez joints, mes enfans, que l'amour vous accorde.
Tant que dura ſon mal, il n'eut d'autres diſcours,
Enfin ſe ſentant preſt de terminer ſes jours,
Mes chers enfans, dit-il, je vais où ſont nos Peres.
Adieu, promettez-moi de vivre comme freres ;
Que j'obtienne de vous cette grâce en mourant.
Chacun de ſes trois fils l'en aſſeure en pleurant.
Il prend à tous les mains ; il meurt ; & les trois freres
Trouvent un bien fort grand, mais fort mêlé d'affaires.
Un créancier ſaiſit, un voiſin fait procés.
D'abord noſtre Trio s'en tire avec ſuccés.
Leur amitié fut courte, autant qu'elle eſtoit rare.
Le ſang les avoit joints, l'intereſt les ſepare.
L'ambition, l'envie, avec les conſultans,
Dans la ſucceſſion entrent en meſme temps.

On en vient au partage, on contefte, on chicane.
Le Juge fur cent poinɑts tour à tour les condamne.
Creanciers & voifins reviennent auffi-toft;
Ceux-là fur une erreur, ceux-cy fur un defaut.
Les freres des-unis font tous d'avis contraire :
L'un veut s'accommoder, l'autre n'en veut rien faire.
Tous perdirent leur bien; & voulurent trop tard
Profiter de ces dards unis & pris à part.

XIX

L'ORACLE ET L'IMPIE

Vouloir tromper le Ciel c'eſt folie à la Terre.
Le Dedale des cœurs en ſes détours n'enferre
Rien qui ne ſoit d'abord éclairé par les Dieux.
Tout ce que l'homme fait, il le fait à leurs yeux;
Meſme les actions que dans l'ombre il croit faire.
Un Payen qui ſentoit quelque peu le fagot,
Et qui croyoit en Dieu, pour uſer de ce mot,
   Par benefice d'inventaire,
   Alla conſulter Apollon.
   Dés qu'il fut en ſon ſanctuaire,
Ce que je tiens, dit-il, eſt-il en vie ou non?

Il tenoit un moineau, dit-on,
Preſt d'étouffer la pauvre beſte,
Ou de la lâcher auſſi-toſt,
Pour mettre Apollon en défaut.
Apollon reconnut ce qu'il avoit en teſte.
Mort ou vif, luy dit-il, montre-nous ton moineau,
Et ne me tends plus de panneau ;
Tu te trouverois mal d'un pareil ſtratagême.
Je vois de loin, j'atteins de meſme.

XX

L'AVARE QUI A PERDU SON TRESOR

L'usage feulement fait la poffeffion.
Je demande à ces gens, de qui la paffion
Eft d'entaffer toûjours, mettre fomme fur fomme,
Quel avantage ils ont que n'ait pas un autre homme.
Diogene là-bas eft auffi riche qu'eux;
Et l'Avare icy haut, comme luy vit en gueux.

L'homme au trefor caché qu'Efope nous propofe,
　　　Servira d'exemple à la chofe.
　　　　Ce mal-heureux attendoit
Pour joüir de fon bien une feconde vie;
Ne poffedoit pas l'or; mais l'or le poffedoit.
Il avoit dans la terre une fomme enfoüie;
　　Son cœur avec; n'ayant autre deduit,
　　　Que d'y ruminer jour & nuit,
Et rendre fa chevance à luy-mefme facrée.
Qu'il allaft ou qu'il vinft, qu'il buft ou qu'il mangeaft,
On l'euft pris de bien court à moins qu'il ne fongeaft
A l'endroit où gifoit cette fomme enterrée.
Il y fit tant de tours qu'un Foffoyeur le vid;
Se douta du dépoft, l'enleva fans rien dire.
Noftre Avare un beau jour ne trouva que le nid.
Voila mon homme aux pleurs; il gemit, il foûpire,
　　　Il fe tourmente, il fe déchire.
Un paffant luy demande à quel fujet fes cris.
　　　　C'eft mon trefor que l'on m'a pris.
Voftre trefor? où pris? Tout joignant cette pierre.
　　　　Et fommes-nous en temps de guerre
Pour l'apporter fi loin? N'euffiez-vous pas mieux fait
De le laiffer chez vous en voftre cabinet,
　　　Que de le changer de demeure?
Vous auriez pû fans peine y puifer à toute heure.
A toute heure? bons Dieux! Ne tient-il qu'à cela?
　　　　L'argent vient-il comme il s'en va?
Je n'y touchois jamais. Dites-moy donc de grâce,
Reprit l'autre, pourquoy vous vous affligez tant,

Puifque vous ne touchiez jamais à cét argent :
    Mettez une pierre à la place,
    Elle vous vaudra tout autant.

XXI

L'ŒIL DU MAISTRE

Un Cerf s'eſtant ſauvé dans un eſtable à Bœufs
    Fut d'abord averty par eux,
    Qu'il cherchât un meilleur azile.
Mes freres, leur dit-il, ne me decelez pas :
Je vous enſeigneray les pâtis les plus gras ;
Ce ſervice vous peut quelque jour eſtre utile ;

Et vous n'en aurez point regret.
Les Bœufs à toutes fins promirent le fecret.
Il fe cache en un coin, refpire, & prend courage.
Sur le foir on apporte herbe fraifche & fourage,
  Comme l'on faifoit tous les jours.
 L'on va, l'on vient, les valets font cent tours;
 L'Intendant mefme; & pas un d'avanture
  N'apperceut ny corps ny ramure,
Ny Cerf enfin. L'habitant des forefts
Rend déja grace aux Bœufs, attend dans cette étable,
Que chacun retournant au travail de Cerés,
Il trouve pour fortir un moment favorable.
L'un des Bœufs ruminant luy dit, Cela va bien :
Mais quoy l'homme aux cent yeux n'a pas fait fa reveüe.
  Je crains fort pour toy fa venuë.
Jufques-là pauvre Cerf ne te vante de rien.
Là-deffus le Maiftre entre & vient faire fa ronde.
  Qu'eft-cecy? dit-il à fon monde.
Je trouve bien peu d'herbe en tous ces rateliers.
Cette litiere eft vieille; allez vifte aux greniers.
Je veux voir deformais vos beftes mieux foignées.
Que coufte-t'il d'ofter toutes ces araignées?
Ne fçauroit-on ranger ces jougs & ces colliers?
En regardant à tout il void une autre tefte
Que celles qu'il voyoit d'ordinaire en ce lieu.
Le Cerf eft reconnû; chacun prend un épieu;
  Chacun donne un coup à la befte.
Ses larmes ne fçauroient la fauver du trépas.
On l'emporte, on la fale. on en fait maint repas,

Dont maint voiſin s'éjoüit d'eſtre.
Phedre ſur ce ſujet dit fort élegamment,
 Il n'eſt pour voir que l'œil du Maître.
Quant à moy, j'y mettrois encor l'œil de l'amant.

XXII

L'ALOUETTE ET SES PETITS, AVEC LE MAISTRE
D'UN CHAMP

Ne t'attens qu'à toy feul, c'eſt un commun Proverbe.
  Voicy comme Eſope le mit
    En credit.

  Les Aloüettes font leur nid
  Dans les bleds quand ils font en herbe :
  C'eſt à dire environ le temps

Que tout aime, & que tout pullule dans le monde ;
   Monſtres marins au fond de l'onde,
Tigres dans les Foreſts, Aloüettes aux champs.
   Une pourtant de ces dernieres
Avoit laiſſé paſſer la moitié d'un Printemps
Sans gouſter le plaiſir des amours printanieres.
A toute force enfin elle ſe resolut
D'imiter la nature, & d'eſtre mere encore.
Elle baſtit un nid, pond, couve, & fait éclore,
A la haſte ; le tout alla du mieux qu'il pût.
Les bleds d'alentour mûrs, avant que la nitée
   Se trouvât aſſez forte encor
   Pour voler & prendre l'eſſor,
De mille foins divers l'Aloüette agitée
S'en va chercher pâture ; avertit ſes enfans
D'eſtre toûjours au guet & faire ſentinelle.
   Si le poſſeſſeur de ces champs
Vient avecque ſon fils (comme il viendra) dit-elle,
   Ecoutez bien ; ſelon ce qu'il dira,
   Chacun de nous décampera.
Si-toſt que l'Aloüette euſt quitté ſa famille,
Le poſſeſſeur du champ vient avecque ſon fils.
Ces bleds ſont mûrs, dit-il, allez chez nos amis
Les prier que chacun apportant ſa faucille,
Nous vienne aider demain dés la pointe du jour.
   Noſtre Aloüette de retour
   Trouve en alarme ſa couvée.
L'un commence. Il a dit que l'Aurore levée,
L'on fît venir demain ſes amis pour l'aider.

S'il n'a dit que cela, repartit l'Alouëtte,
Rien ne nous preffe encor de changer de retraitte :
Mais c'eft demain qu'il faut tout de bon écouter.
Cependant foyez gais; voila dequoy manger.
Eux repus, tout s'endort; les petits & la mere.
L'aube du jour arrive; & d'amis point du tout.
L'Aloüette à l'effort, le Maiftre s'en vient faire
   Sa ronde ainfi qu'à l'ordinaire.
Ces bleds ne devroient pas, dit-il, eftre debout.
Nos amis ont grand tort, & tort qui fe repofe
Sur de tels pareffeux à fervir ainfi lents.
   Mon fils allez chez nos parens
   Les prier de la mefme chofe.
L'épouvante eft au nid plus forte que jamais.
Il a dit fes parens, mere, c'eft à cette heure...
   Non mes enfans, dormez en paix;
   Ne bougeons de noftre demeure.
L'Aloüette eut raifon, car perfonne ne vint.
Pour la troifiéme fois le Maiftre fe fouvint
De vifiter fes bleds. Noftre erreur eft extrême,
Dit-il, de nous attendre à d'autres gens que nous.
Il n'eft meilleur amy ny parent que foy-mefme.
Retenez bien cela, mon fils, & fçavez-vous
Ce qu'il faut faire? Il faut qu'avec noftre famille
Nous prenions dés demain chacun une faucille;
C'eft là noftre plus court; & nous acheverons
   Noftre moiffon quand nous pourrons.
Déflors que ce deffein fut fceu de l'Aloüette,
C'eft ce coup qu'il eft bon de partir, mes enfans.

Et les petits en mefme temps,
Voletans, fe culebutans.
Délogerent tous. fans trompette

LIVRE CINQUIÈME

I

LE BUSCHERON ET MERCURE

A M. L. C. D. B.

Vostre gouſt a ſervy de regle à mon Ouvrage.
J'ay tenté les moyens d'acquerir ſon ſuffrage.
Vous voulez qu'on évite un ſoin trop curieux,
Et des vains ornemens l'effort ambitieux.
Je le veux comme vous; cét effort ne peut plaire.
Un Auteur gaſte tout quand il veut trop bien faire.
Non qu'il faille bannir certains traits delicats :
Vous les aimez ces traits, & je ne les hais pas.
Quant au principal but qu'Eſope ſe propoſe,

J'y tombe au moins mal que je puis.
Enfin, fi dans ces Vers je ne plais & n'inftruis,
Il ne tient pas à moy, c'eft toûjours quelque chofe.
   Comme la force eft un poinct,
    Dont je ne me pique point,
Je tâche d'y tourner le vice en ridicule,
Ne pouvant l'attaquer avec des bras d'Hercule.
C'eft là tout mon talent; je ne fçay s'il fuffit.
   Tantoft je peins en un recit
La fotte vanité jointe avecque l'envie,
Deux pivots fur qui roule aujourd'huy nôtre vie.
   Tel eft ce chetif animal
Qui voulut en groffeur au Bœuf fe rendre égal.
J'oppofe quelquefois par une double image
Le vice à la vertu, la fottife au bon fens;
   Les Agneaux aux Loups raviffans,
La Moûche à la Fourmy; faifant de cét ouvrage
Une ample Comedie à cent actes divers,
   Et dont la fcene eft l'Univers.
Hommes, Dieux, Animaux, tout y fait quelque rôle;
Jupiter comme un autre : introduifons celuy
Qui porte de fa part aux belles la parole :
Ce n'eft pas de cela qu'il s'agit aujourd'huy.

   Un Bûcheron perdit fon gagne-pain;
  C'eft fa cognée; & la cherchant en vain,
  Ce fut pitié là-deffus de l'entendre.
  Il n'avoit pas des outils à revendre.

Sur celui-cy rouloit tout fon avoir.
Ne fçachant donc où mettre fon efpoir,
Sa face eftoit de pleurs toute baignée.
O ma cognée, ô ma pauvre cognée!
S'écrioit-il, Jupiter rend la moy :
Je tiendray l'eftre encore un coup de toy.
Sa plainte fut de l'Olimpe entenduë.
Mercure vient. Elle n'eft pas perduë,
Luy dit ce Dieu, la connoiftras-tu bien?
Je crois l'avoir prés d'icy rencontrée.
Lors une d'or à l'homme eftant montrée,
Il répondit, Je n'y demande rien.
Une d'argent fuccede à la premiere;
Il la refufe. Enfin une de bois.
Voilà, dit-il, la mienne cette fois;
Je fuis content, fi j'ay cette derniere.
Tu les auras, dit le Dieu, toutes trois.
Ta bonne foy fera recompenfée.
En ce cas là je les prendray, dit-il.
L'Hiftoire en eft auffi-toft difperfée.
Et boquillons de perdre leur outil,
Et de crier pour fe le faire rendre.
Le Roy des Dieux ne fçait auquel entendre.
Son fils Mercure aux criards vient encor,
A chacun d'eux il en montre une d'or.
Chacun eût crû paffer pour une befte
De ne pas dire auffi-toft, La voila.
Mercure au lieu de donner celle-là,
Leur en décharge un grand coup fur la tefte.

Ne point mentir, eftre content du fien,
C'eft le plus feur : cependant on s'occupe
A dire faux pour attraper du bien :
Que fert cela? Jupiter n'eft pas dupe.

II

LE POT DE TERRE ET LE POT DE FER

Le Pot de fer propofa
Au Pot de terre un voyage.
Celuy-cy s'en excufa;
Difant qu'il feroit que fage
De garder le coin du feu :
Car il luy faloit fi peu,
Si peu, que la moindre chofe
De fon débris feroit caufe.
Il n'en reviendroit morceau.
Pour vous, dit-il, dont la peau
Eft plus dure que la mienne,
Je ne vois rien qui vous tienne.

　　　　Nous vous mettrons à couvert,
　　　　Repartit le Pot de fer.
　　　　Si quelque matiere dure
　　　　Vous menace d'aventure,
　　　　Entre deux je pafferay,
　　　　Et du coup vous fauveray.
　　　　Cette offre le perfuade.
　　　　Pot de fer fon camarade
　　　　Se met droit à fes coftez.
　　　　Mes gens s'en vont à trois pieds
　　　　Clopin clopant comme ils peuvent,
　　　　L'un contre l'autre jettez,
　　　　Au moindre hoquet qu'ils treuvent.
Le Pot de terre en fouffre : il n'eut pas fait cent pas
Que par fon compagnon il fut mis en éclats,
　　　　Sans qu'il eût lieu de fe plaindre.
Ne nous affocions qu'avecque nos égaux;
　　　　Ou bien il nous faudra craindre
　　　　Le deftin d'un de ces pots.

III

LE PETIT POISSON ET LE PESCHEUR

Petit Poiſſon deviendra grand,
　　Pourveu que Dieu luy prête vie.
　Mais le laſcher en attendant,
　　Je tiens pour moy que c'eſt folie;
Car de le rattraper, il n'eſt pas trop certain.
Un Carpeau qui n'eſtoit encore que fretin,
Fut pris par un Peſcheur au bord d'une riviere.
Tout fait nombre, dit l'homme en voyant ſon butin;
Voila commencement de chere & de feſtin;
　　Mettons-le en noſtre gibeciere.

Le pauvre Carpillon luy dit en fa maniere :
Que ferez-vous de moy? je ne fçaurois fournir
  Au plus qu'une demy bouchée,
  Laiffez-moy Carpe devenir :
  Je feray par vous repefchée.
Quelque gros partifan m'achetera bien cher.
  Au lieu qu'il vous en faut chercher
  Peut-eftre encor cent de ma taille
Pour faire un plat. Quel plat? croyez-moy; rien qui vaille.
Rien qui vaille? & bien foit, repartit le Pefcheur;
Poiffon mon bel amy, qui faites le prefcheur,
Vous irez dans la poefle; & vous avez beau dire,
  Dés ce foir on vous fera frire.

Un tien vaut, ce dit-on, mieux que deux tu l'auras :
  L'un eft feur, l'autre ne l'eft pas.

IV

LES OREILLES DU LIEVRE

Un animal cornu bleſſa de quelques coups
   Le Lion, qui plein de courroux,
   Pour ne plus tomber en la peine,
   Bannit des lieux de ſon domaine
Toute beſte portant des cornes à ſon front.
Chevres, Beliers, Taureaux auſſi-toſt délogerent,
   Daims, & Cerfs de climat changerent;
   Chacun à s'en aller fut prompt.
Un Lievre appercevant l'ombre de ſes oreilles,
   Craignit que quelque inquiſiteur

N'allaſt interpreter à cornes leur longueur :
Ne les foûtinſt en tout à des cornes pareilles.
Adieu voiſin Grillon, dit-il, je pars d'icy ;
Mes oreilles enfin feroient cornes auſſi ;
Et quand je les aurois plus courtes qu'une Autruche,
Je craindrois meſme encor. Le Grillon repartit.
  Cornes cela ? vous me prenez pour cruche ;
   Ce font oreilles que Dieu fit.
  On les fera paſſer pour cornes,
Dit l'animal craintif, & cornes de Licornes.
J'auray beau proteſter ; mon dire & mes raiſons
   Iront aux petites Maiſons.

V

LE RENARD AYANT LA QUEUË COUPÉE

Un vieux Renard, mais des plus fins,
Grand croqueur de Poulets, grand preneur de Lapins,
　　Sentant fon Renard d'une lieuë,
　　Fut enfin au piege attrapé.
　Par grand hazard en eftant échapé :
Non pas franc, car pour gage il y laiffa fa queuë :
S'eftant, dis-je, fauvé fans queuë & tout honteux;
Pour avoir des pareils; (comme il eftoit habile)
Un jour que les Renards tenoient confeil entr'eux,
Que faifons-nous, dit-il, de ce poids inutile,
Et qui va balayant tous les fentiers fangeux?

Que nous fert cette queuë? il faut qu'on fe la coupe.
    Si l'on me croit chacun s'y refoudra.
Voftre avis eft fort bon, dit quelqu'un de la troupe,
Mais tournez-vous, de grace, & l'on vous répondra.
A ces mots il fe fit une telle huée,
Que le pauvre écourté ne pût eftre entendu.
Pretendre ofter la queuë eût efté temps perdu ;
    La mode en fût continuée.

VI

LA VIEILLE ET LES DEUX SERVANTES

Il eſtoit une Vieille ayant deux Chambrieres.
Elles filoient ſi bien, que les ſœurs filandieres
Ne faiſoient que broüiller au prix de celles-cy.
La Vieille n'avoit point de plus preſſant ſoucy
Que de diſtribuer aux Servantes leur taſche.
Dés que Thetis chaſſoit Phœbus aux crins dorez,
Tourets entroient en jeu, fuſeaux eſtoient tirez,
   Deçà, delà, vous en aurez ;
  Point de ceſſe, point de relâche.
Dés que l'Aurore, dis-je, en ſon char remontoit ;

Un miferable Coq à poinct nommé chantoit.
Auffi-toft noftre Vieille encor plus miferable
S'affubloit d'un jupon craffeux & deteftable;
Allumoit une lampe & couroit droit au lit
Où de tout leur pouvoir, de tout leur appetit,
   Dormoient les deux pauvres Servantes.
L'une entr'ouvroit un œil; l'autre eftendoit un bras;
   Et toutes deux tres-mal contentes
Difoient entre leurs dents, Maudit Coq tu mourras,
Comme elles l'avoient dit, la befte fut gripée.
Le Réveille-matin eut la gorge coupée.
Ce meurtre n'amanda nullement leur marché.
Noftre Couple au contraire à peine eftoit couché,
Que la Vieille craignant de laiffer paffer l'heure,
Couroit comme un Lutin par toute fa demeure.
   C'eft ainfi que le plus fouvent,
Quand on penfe fortir d'une mauvaife affaire,
   On s'enfonce encor plus avant :
   Témoin ce Couple & fon falaire.
La Vieille au lieu du Coq les fit tomber par là
   De Caribde en Sylla.

VII

LE SATYRE ET LE PASSANT

Au fond d'un antre fauvage,
Un Satyre & fes enfans,
Alloient manger leur potage
Et prendre l'écuelle aux dents.

On les eut vûs fur la mouffe
Luy, fa femme, & maint petit;
Il n'avoient tapis n'y housse,
Mais tous fort bon appetit.

Pour fe fauver de la pluye
Entre un Paffant morfondu.
Au broüet on le convie.
Il n'eftoit pas attendu.

Son hofte n'eut pas la peine
De le femondre deux fois,
D'abord avec fon haleine
Il fe réchauffe les doits.

Puis fur le mets qu'on luy donne
Delicat il fouffle auffi,
Le Satyre s'en eftonne,
Noftre hofte, à quoy bon cecy ?

L'un refroidit mon potage ;
L'autre réchauffe ma main.
Vous pouvez, dit le Sauvage,
Reprendre voftre chemin.

Ne plaife aux Dieux que je couche,
Avec vous fous mefme toit.
Arriere ceux dont la bouche
Souffle le chaud & le froid.

VIII

LE CHEVAL ET LE LOUP

Un certain Loup, dans la faifon,
Que les tiedes Zephirs ont l'herbe rajeunie,
Et que les animaux quittent tous la maifon,
    Pour s'en aller chercher leur vie.
Un Loup, dis-je, au fortir des rigueurs de l'hyver,
Apperceut un Cheval qu'on avoit mis au vert.
    Je laiffe à penfer quelle joye.
Bonne chaffe, dit-il, qui l'auroit à fon croc.
Eh! que n'es-tu Mouton? car tu me ferois hoc :
Au lieu qu'il faut rufer pour avoir cette proye.
Rufons donc. Ainfi dit, il vient à pas comptez;
    Se dit écolier d'Hippocrate :

Qu'il connoift les vertus & les proprietez
  De tous les fimples de ces prez :
  Qu'il fçait guerir fans qu'il fe flatte,
Toutes fortes de maux. Si Dom Courfier vouloit
  Ne point celer fa maladie ;
  Luy Loup gratis le gueriroit.
  Car le voir en cette prairie
  Paiftre ainfi fans eftre lié,
Témoignoit quelque mal felon la Medecine.
  J'ay, dit la Befte chevaline,
  Une apoftume fous le pied.
Mon fils, dit le Docteur, il n'eft point de partie
  Sufceptible de tant de maux.
J'ay l'honneur de fervir Noffeigneurs les Chevaux ;
  Et fais auffi la Chirurgie.
Mon galand ne songeoit qu'à bien prendre fon temps,
  Afin de haper fon malade.
L'autre qui s'en doutoit luy lafche une ruade,
  Qui vous luy met en marmelade
  Les mandibules et les dents.
C'eft bien fait (dit le Loup en foy-mefme fort trifte)
Chacun à fon métier doit toûjours s'attacher.
  Tu veux faire icy l'Arborifte,
  Et ne fus jamais que Boucher.

IX

LE LABOUREUR ET SES ENFANS

Travaillez, prenez de la peine.
C'eſt le fonds qui manque le moins.
Un riche Laboureur ſentant ſa mort prochaine,
Fit venir ſes enfans, leur parla ſans témoins.
Gardez-vous, leur dit-il, de vendre l'heritage,
      Que nous ont laiſſé nos parens.
      Un trefor eſt caché dedans.
Je ne ſçais pas l'endroit; mais un peu de courage
Vous le fera trouver, vous en viendrez à bout.
Remuez voſtre champ dés qu'on aura fait l'Ouſt.

Creufez, foüillez, bêchez, ne laiffez nulle place
  Où la main ne paffe & repaffe.
Le pere mort, les fils vous retournent le champ,
 Deçà, delà, par tout ; fi bien qu'au bout de l'an
  Il en rapporta davantage.
D'argent, point de caché. Mais le Pere fut fage
  De leur montrer avant fa mort,
  Que le travail eft un trefor.

X

LA MONTAGNE QUI ACCOUCHE

Une Montagne en mal d'enfant
Jettoit une clameur fi haute,
Que chacun au bruit accourant
Crût qu'elle accoucheroit, fans faute,
D'une Cité plus groffe que Paris ;
Elle accoucha d'une Souris.

Quand je fonge à cette Fable,
Dont le recit eft menteur
Et le fens eft veritable,

Je me figure un auteur,
Qui dit : Je chanteray la guerre
Que firent les Titans au Maiftre du tonnerre.
C'eft promettre beaucoup; mais qu'en fort-il fouvent?
Du vent.

XI

LA FORTUNE ET LE JEUNE ENFANT

Sur le bord d'un puits tres-profond,
Dormoit étendu de fon long
Un Enfant alors dans fes claffes.
Tout eft aux écoliers couchette & matelas.
Un honnefte homme en pareil cas
Auroit fait un faut de vingt braffes.
Prés de là tout heureufement
La Fortune paffa, l'éveilla doucement,
Luy difant, Mon mignon, je vous fauve la vie.
Soyez une autre fois plus fage, je vous prie.
Si vous fuffiez tombé, l'on s'en fuft pris à moy;

Cependant c'eſtoit voſtre faute.
Je vous demande en bonne foy
Si cette imprudence ſi haute
Provient de mon caprice. Elle part à ces mots.
Pour moy j'approuve ſon propos.
Il n'arrive rien dans le monde
Qu'il ne faille qu'elle en réponde.
Nous la faiſons de tous Echos.
Elle eſt priſe à garand de toutes avantures.
Eſt-on ſot, étourdy, prend-on mal ſes meſures?
On penſe en eſtre quitte en accuſant ſon ſort.
Bref la Fortune a toûjours tort.

XII

LES MEDECINS

Le Medecin Tant-pis alloit voir un malade,
Que vifitoit auffi fon confrere Tant-mieux,
Ce dernier efperoit, quoy que fon camarade
Soûtinft que le gifant iroit voir fes ayeux.
Tous deux s'eftant trouvez differens pour la cure,
Leur malade paya le tribut à Nature ;
Apres qu'en fes confeils Tant-pis eut efté crû.
Ils triomphoient encor fur cette maladie.
L'un difoit, Il eft mort, je l'avois bien prevû.
S'il m'euft crû, difoit l'autre, il feroit plein de vie.

XIII

LA POULE AUX ŒUFS D'OR

L'avarice perd tout en voulant tout gagner.
      Je ne veux pour le témoigner
Que celuy dont la Poule, à ce que dit la Fable,
      Pondoit tous les jours un œuf d'or.
Il crut que dans son corps elle avoit un tresor.
Il la tua, l'ouvrit, & la trouva semblable
A celles dont les œufs ne luy rapportoient rien,
S'estant luy-mesme osté le plus beau de son bien.

Belle leçon pour les gens chiches :
Pendant ces derniers temps combien en a-t-on veus,
Qui du foir au matin font pauvres devenus
Pour vouloir trop toft eftre riches?

XIV

L'ASNE PORTANT DES RELIQUES

Uɴ Baudet chargé de Reliques,
S'imagina qu'on l'adoroit.
Dans ce penfer il fe quarroit,
Recevant comme fiens l'Encens & les Cantiques.
Quelqu'un vit l'erreur, & luy dit :
Maiftre Baudet, oftez-vous de l'efprit
Une vanité fi folle.
Ce n'eft pas vous, c'est l'Idole

A qui cét honneur fe rend,
Et que la gloire en eft deuë.
D'un Magistrat ignorant,
C'eft la robe qu'on faluë.

XV

LE CERF ET LA VIGNE

Un Cerf à la faveur d'une Vigne fort haute,
Et telle qu'on en void en de certains climats,
S'eſtant mis à couvert, & ſauvé du trépas;
Les Veneurs pour ce coup croyoient leurs chiens en faute.
Ils les rappellent donc. Le Cerf hors de danger
Broute ſa bienfaitrice, ingratitude extrême!
On l'entend, on retourne, on le fait déloger,
   Il vient mourir en ce lieu meſme.
J'ay merité, dit-il, ce juste chaſtiment :
Profitez-en ingrats. Il tombe en ce moment.

La Meute en fait curée. Il luy fut inutile
De pleurer aux Veneurs à fa mort arrivez.
Vraye image de ceux qui profanent l'azile
    Qui les a confervez.

XVI

LE SERPENT ET LA LIME

On conte qu'un Serpent voiſin d'un Horloger
(C'eſtoit pour l'Horloger un mauvais voiſinage)
Entra dans ſa boutique, & cherchant à manger
    N'y rencontra pour tout potage
Qu'une Lime d'acier qu'il ſe mit à ronger.
Cette Lime luy dit, ſans ſe mettre en colere,
    Pauvre ignorant! & que pretends-tu faire?
      Tu te prends à plus dur que toy.
      Petit Serpent à teſte folle,
      Pluſtoſt que d'emporter de moy
      Seulement le quart d'un obole,

Tu te romprois toutes les dents.
Je ne crains que celles du temps.

Cecy s'adreffe à vous, efprits du dernier ordre,
Qui n'eftant bons à rien cherchez fur tout à mordre,
  Vous vous tourmentez vainement.
Croyez-vous que vos dents impriment leurs outrages
   Sur tant de beaux ouvrages?
Ils font pour vous d'airain, d'acier, de diamant.

XVII

LE LIÈVRE ET LA PERDRIX

Il ne fe faut jamais moquer des miferables :
Car qui peut s'affeurer d'eftre toujours heureux?
   Le fage Efope dans fes Fables
   Nous en donne un exemple ou deux.
   Celuy qu'en ces Vers je propofe,
   Et les fiens, ce font mefme chofe.
Le Lievre & la Perdrix concitoyens d'un champ,
Vivoient dans un eftat ce femble affez tranquille :
   Quand une Meute s'approchant
Oblige le premier à chercher un azile.
Il s'enfuit dans fon fort, met les chiens en defaut;

Sans mefme en excepter Brifaut.
Enfin il fe trahit luy-mefme
Par les efprits fortans de fon corps échauffé.
Miraut fur leur odeur ayant philofophé
Conclut que c'eft fon Lievre ; & d'une ardeur extrême
Il le pouffe ; & Ruftaut qui n'a jamais menti,
Dit que le Lievre eft reparti.
Le pauvre mal-heureux vient mourir à fon gifte.
La Perdrix le raille, luy dit :
Tu te vantois d'eftre fi vifte :
Qu'as-tu fait de tes pieds? Au moment qu'elle rit,
Son tour vient ; on la trouve. Elle croit que fes aifles
La fçauront garentir à toute extrémité :
Mais la pauvrette avoit compté
Sans l'Autour aux ferres cruelles.

XVIII

L'AIGLE ET LE HIBOU

L'Aigle & le Chat-huant leurs querelles cefferent ;
  Et firent tant qu'ils s'embrafferent.
L'un jura foy de Roy, l'autre foy de Hibou,
Qu'ils ne fe goberoient leurs petits peu ny prou.
Connoiffez-vous les miens? dit l'Oifeau de Minerve.
Non, dit l'Aigle. Tant pis reprit le trifte oifeau.
   Je crains en ce cas pour leur peau :
   C'eft hazard fi je les conferve.

Comme vous eftes Roy, vous ne confiderez
Qui ny quoy : Rois & Dieux mettent, quoy qu'on leur die,
   Tout en mefme categorie.
Adieu mes nourriçons fi vous les rencontrez.
Peignez-les-moy, dit l'Aigle, ou bien me les montrez.
   Je n'y toucheray de ma vie.
Le Hibou repartit : Mes petits font mignons,
Beaux, bien faits, & jolis fur tous leurs compagnons.
Vous les reconnoiftrez fans peine à cette marque.
N'allez pas l'oublier ; retenez-la fi bien
   Que chez moy la maudite Parque
   N'entre point par voftre moyen.
Il avint qu'au Hibou Dieu donna geniture,
De façon qu'un beau foir qu'il eftoit en pafture,
   Noftre Aigle apperceut d'avanture,
   Dans les coins d'une roche dure,
   Ou dans les trous d'une mazure,
   (Je ne fçais pas lequel des deux)
   De petits monftres fort hideux,
Rechignez, un air trifte, une voix de Megere.
Ces enfans ne font pas, dit l'Aigle, à noftre amy :
Croquons-les. Le galand n'en fit pas à demy.
Ses repas ne font point repas à la legere.
Le Hibou de retour ne trouve que les pieds
De fes chers nourriçons, helas ! pour toute chofe.
Il fe plaint, & les Dieux font par luy fuppliez
De punir le brigand qui de fon deüil eft caufe.
Quelqu'un luy dit alors : N'en accufe que toy,
   Ou pluftoft la commune loy

Qui veut qu'on trouve fon femblable
Beau, bien fait, & fur tous aimable.
Tu fis de tes enfans à l'Aigle ce portrait,
En avoient-ils le moindre trait?

XIX

LE LION S'EN ALLANT EN GUERRE

Le Lion dans fa tefte avoit une entreprife.
Il tint confeil de guerre; envoya fes Prévofts;
  Fit avertir les animaux :
Tous furent du deffein; chacun felon fa guife.
   L'Elephant devoit fur fon dos
   Porter l'attirail neceffaire,
   Et combattre à son ordinaire :
   L'Ours s'apprefter pour les affauts :
Le Renard ménager de fecrettes pratiques :
Et le Singe amufer l'ennemy par fes tours

Renvoyez, dit quelqu'un, les Afnes qui font lourds;
Et les Lievres fujets à des terreurs paniques.
Point du tout, dit le Roy, je les veux employer.
Noftre troupe fans eux ne feroit pas complete.
L'Afne effraira les gens nous fervant de trompete;
Et le Lievre pourra nous fervir de courrier.

   Le Monarque prudent & fage
De fes moindres fujets fçait tirer quelque ufage,
   Et connoift les divers talens :
Il n'eft rien d'inutile aux perfonnes de fens.

XX

L'OURS ET LES DEUX COMPAGNONS

Deux Compagnons preffez d'argent,
A leur voifin Fourreur vendirent
La peau d'un Ours encor vivant;
Mais qu'ils tuëroient bien-toft, du moins à ce qu'ils dirent.
C'eftoit le Roy des Ours au compte de ces gens.

Le Marchand à fa peau devoit faire fortune,
Elle garentiroit des froids les plus cuifans.
On en pourroit fourrer pluftoft deux robes qu'une.
Dindenaut prifoit moins fes Moutons qu'eux leur Ours.
Leur, à leur compte, & non à celuy de la Befte.
S'offrant de la livrer au plus tard dans deux jours,
Ils conviennent de prix, & se mettent en quefte;
Trouvent l'Ours qui s'avance, et vient vers eux au trot.
Voila mes gens frappez comme d'un coup de foudre.
Le marché ne tint pas ; il falut le refoudre :
D'interefts contre l'Ours, on n'en dit pas un mot.
L'un des deux Compagnons grimpe au faifte d'un arbre :
  L'autre plus froid que n'eft un marbre,
Se couche fur le nez, fait le mort, tient fon vent ;
   Ayant quelque-part oüy dire,
   Que l'Ours s'acharne peu fouvent
Sur un corps qui ne vit, ne meut, ny ne refpire.
Seigneur Ours, comme un fot, donna dans ce panneau.
Il void ce corps gifant, le croit privé de vie,
   Et de peur de fupercherie
Le tourne, le retourne, approche fon mufeau,
   Flaire aux paffages de l'haleine.
C'eft, dit-il, un cadavre : Oftons-nous, car il fent.
A ces mots l'Ours s'en va dans la foreft prochaine.
L'un de nos deux Marchands de fon arbre defcend;
Court à fon compagnon; luy dit que c'eft merveille,
Qu'il n'ait eu feulement que la peur pour tout mal.
Et bien, ajoûta-t-il, la peau de l'animal?
   Mais que t'a-t-il dit à l'oreille?

Car il s'approchoit de bien prés,
Te retournant avec fa ferre.
Il m'a dit qu'il ne faut jamais
Vendre la peau de l'Ours qu'on ne l'ait mis par terre.

XXI

L'ASNE VESTU DE LA PEAU DU LION

De la peau du Lion l'Afne s'eftant veftu
  Eftoit craint par tout à la ronde.
  Et bien qu'animal fans vertu,
  Il faifoit trembler tout le monde.
Un petit bout d'oreille échappé par mal-heur
  Découvrit la fourbe & l'erreur.
  Martin fit alors fon office.
Ceux qui ne fçavoient pas la rufe & la malice,

S'eftonnoient de voir que Martin
Chaffaft les Lions au moulin.

Force gens font du bruit en France
Par qui cét Apologue eft rendu familier.
Un équipage cavalier
Fait les trois quarts de leur vaillance.

LIVRE SIXIÈME

I

LE PATRE ET LE LION

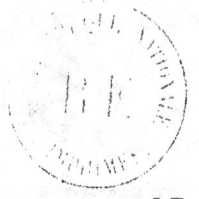

II

LE LION ET LE CHASSEUR

Les Fables ne font pas ce qu'elles femblent eftre.
Le plus fimple animal nous y tient lieu de maiftre.
Une morale nuë apporte de l'ennuy :
Le conte fait paffer le precepte avec luy.
En ces fortes de feinte il faut inftruire & plaire;
Et conter pour conter me femble peu d'affaire.
C'eft par cette raifon qu'égayant leur efprit

Nombre de gens fameux en ce genre ont écrit.
Tous ont fuy l'ornement & le trop d'étenduë.
On ne voit point chez eux de parole perduë.
Phedre eſtoit ſi ſuccint qu'aucuns l'en ont blâmé.
Eſope en moins de mots s'eſt encore exprimé.
Mais ſur tous certain Grec renchérit & ſe pique
   D'vne élegance laconique.
Il renferme toûjours ſon conte en quatre Vers;
Bien ou mal, je le laiſſe à juger aux experts.
Voyons-le avec Eſope en un ſujet ſemblable.
L'un ameine un Chaſſeur, l'autre un Pâtre en ſa Fable.
J'ay ſuivy leur projet quant à l'évenement,
Y couſant en chemin quelque trait ſeulement.
Voicy comme à peu près Eſope le raconte.

Un Pâtre à ſes Brebis trouvant quelque méconte,
Voulut à toute force attraper le Larron.
Il s'en va prés d'un antre, & tend à l'environ
Des laqs à prendre Loups, ſoupçonnant cette engeance.
  Avant que partir de ces lieux,
Si tu fais, diſoit-il, ô Monarque des Dieux,
Que le droſle à ces laqs ſe prenne en ma preſence,

LIVRE SIXIÈME.

    Et que je goûte ce plaifir,
      Parmy ving Veaux je veux choifir
      Le plus gras, & t'en faire offrande.
A ces mots fort de l'antre un Lion grand & fort.
Le Pâtre fe tapit, & dit à demy mort,
Que l'homme ne fçait guere, helas! ce qu'il demande!
Pour trouver le Larron qui détruit mon troupeau,
Et le voir en ces laqs pris avant que je parte,
O Monarque des Dieux, je t'ay promis un Veau;
Je te promets un Bœuf fi tu fais qu'il s'écarte.
C'eft ainfi que l'a dit le principal Auteur :
      Paffons à fon imitateur.

Un Fanfaron amateur de la chaffe,
Venant de perdre un Chien de bonne race,
Qu'il foupçonnoit dans le corps d'un Lion,
Vid un Berger. Enfeigne-moy de grace
De mon voleur, luy dit-il. la maifon;
Que de ce pas je me faffe raifon.
Le Berger dit, C'eft vers cette montagne.
En luy payant de tribut un Mouton
Par chaque mois, j'erre dans la campagne
Comme il me plaift, & je fuis en repos.

Dans le moment qu'ils tenoient ces propos,
Le Lion fort, & vient d'un pas agile.
Le Fanfaron auffi-toft d'efquiver.
O Jupiter, montre-moy quelque azile,
S'écria-t-il, qui me puiffe fauver.

La vraye épreuve de courage
N'eft que dans le danger que l'on touche du doigt.
Tel le cherchoit, dit-il, qui changeant de langage
S'enfüit auffi-toft qu'il le void.

III

PHŒBUS ET BORÉE

Borée & le Soleil virent un voyageur
   Qui s'étoit muny par bon-heur
Contre le mauvais temps. (On entroit dans l'Automne,
Quand la précaution aux voyageurs eft bonne :
Il pleut; le Soleil luit; & l'écharpe d'Iris
   Rend ceux qui fortent avertis
Qu'en ces mois le manteau leur eft fort neceffaire.

Les Latins les nommoient douteux pour cette affaire.)
Noſtre homme s'eſtoit donc à la pluye attendu.
Bon manteau bien doublé; bonne étoffe bien forte.
Celuy-cy, dit le Vent, prétend avoir pourveu
A tous les accidens; mais il n'a pas préveu
   Que je fçauray fouffler de forte,
Qu'il n'eſt bouton qui tienne : il faudra, ſi je veux,
   Que le manteau s'en aille au diable.
L'ébatement pourroit nous en eſtre agreable :
Vous plaiſt-il de l'avoir? Et bien gageons nous deux
   (Dit Phœbus) fans tant de paroles,
A qui pluſtoſt aura dégarny les épaules
   Du Cavalier que nous voyons.
Commencez : Je vous laiſſe obſcurcir mes rayons.
Il n'en falut pas plus. Noſtre fouffleur à gage
Se gorge de vapeurs, s'enfle comme un ballon;
   Fait un vacarme de demon;
Siffle, fouffle, tempeſte, & briſe en fon paſſage
Main toit qui n'en peut mais, fait perir main bateau;
   Le tout au fujet d'un manteau.
Le Cavalier eut foin d'empefcher que l'orage
   Ne fe pùt engoufrer dedans.
Cela le préferva : le vent perdit fon temps :
Plus il fe tourmentoit, plus l'autre tenoit ferme :
Il eut beau faire agir le colet & les plis.
   Si-toſt qu'il fut au bout du terme
   Qu'à la gageure on avoit mis,
   Le Soleil diffipe la nuë :
Recréc, & puis penetre enfin le Cavalier

Sous fon balandras fait qu'il fuë;
Le contraint de s'en dépoüiller.
Encor'n'ufa-t-il pas de toute fa puiffance.
Plus fait douceur que violence.

IV

JUPITER ET LE MÉTAYER

Jupiter eut jadis une ferme à donner.
Mercure en fit l'annonce; & gens fe prefenterent,
    Firent des offres, écouterent :
    Ce ne fut pas fans bien tourner.
    L'un alleguoit que l'heritage
Eftoit frayant & rude, & l'autre un autre fi
    Pendant qu'ils marchandoient ainfi,
Un d'eux le plus hardy, mais non pas le plus fage,
Promit d'en rendre tant, pourveu que Jupiter
    Le laiffaft difpofer de l'air,
    Luy donnaft faifon à fa guife,

Qu'il euſt du chaud, du froid, du beau-temps, de la biſe,
    Enfin du ſec & du moüillé,
    Auſſi-toſt qu'il auroit baaillé.
Jupiter y conſent. Contract paſſé ; noſtre homme
Tranche du Roy des airs, pleut, vente, & fait en ſomme
Un climat pour luy ſeul : ſes plus proches voiſins
Ne s'en ſentoient non plus que les Ameriquains.
Ce fut leur avantage ; ils eurent bonne année,
    Pleine moiſſon, pleine vinée.
Monſieur le Receveur fut tres-mal partagé.
    L'an ſuivant voila tout changé.
    Il ajuſte d'une autre ſorte
    La temperature des Cieux.
    Son champ ne s'en trouve pas mieux.
Celuy de ſes voiſins fructifie & rapporte.
Que fait-il? il recourt au Monarque des Dieux :
    Il confeſſe ſon imprudence.
Jupiter en uſa comme un Maiſtre fort doux.
    Concluons que la Providence
    Sçait ce qu'il nous faut, mieux que nous.

V

LE COCHET, LE CHAT ET LE SOURICEAU

Un Souriçeau tout jeune, & qui n'avoit rien veu,
　　Fut presque pris au dépourveu.
Voicy comme il conta l'avanture à sa mere.
J'avois franchy les Monts qui bornent cét Etat ;
　　Et trottois comme un jeune Rat
　　　Qui cherche à se donner carriere.
Lors que deux animaux m'ont aresté les yeux ;
　　L'un doux, benin & gracieux ;

Et l'autre turbulent & plein d'inquietude.
 Il a la voix perçante & rude;
 Sur la tefte un morceau de chair;
Une forte de bras dont il s'éleve en l'air,
 Comme pour prendre fa volée;
 La queuë en panache étalée.
Or c'eftoit un Cochet dont noftre Souriceau
 Fit à fa mere le tableau,
Comme d'un animal venu de l'Amerique.
Il fe batoit, dit-il, les flancs avec fes bras,
 Faifant tel bruit & tel fracas,
Que moy, qui grace aux Dieux de courage me pique,
 En ay pris la fuite de peur,
 Le maudiffant de tres-bon cœur.
 Sans luy j'aurois fait connoiffance
Avec cet animal qui m'a femblé fi doux.
 Il eft velouté comme nous,
Marqueté, longue queuë, une humble contenance;
Un modefte regard, & pourtant l'œil luifant :
 Je le crois fort fympatifant
Avec meffieurs les Rats; car il a des oreilles
 En figure aux noftres pareilles.
Je l'allois aborder; quand d'un fon plein d'éclat
 L'autre m'a fait prendre la fuite.
Mon fils, dit la Souris, ce doucet eft un Chat,
 Qui fous fon minois hypocrite
 Contre toute ta parenté
 D'un malin vouloir eft porté.
 L'autre animal tout au contraire,

Bien éloigné de nous mal faire,
Servira quelque jour peut-eftre à nos repas.
Quant au Chat; c'eft fur nous qu'il fonde fa cuifine.
Garde-toy tant que tu vivras
De juger des gens fur la mine.

VI

LE RENARD, LE SINGE ET LES ANIMAUX

Les Animaux, au deceds d'un Lion,
En fon vivant Prince de la contrée,
Pour faire un Roy s'affemblerent, dit-on.
De fon étuy la couronne eft tirée.
Dans une chartre un Dragon la gardoit.
Il fe trouva que fur tous effayée
A pas un d'eux elle ne convenoit.
Plufieurs avoient la tefte trop menuë,
Aucuns trop groffe, aucuns mefme cornuë.
Le Singe auffi fit l'épreuve en riant,
Et par plaifir la Tiare effayant,

Il fit autour force grimaceries,
Tours de foupleffe, & mille fingeries :
Paffa dedans ainfi qu'en un cerceau.
Aux Animaux cela fembla fi beau,
Qu'il fut éleu : chacun luy fit hommage.
Le Renard feul regretta fon fuffrage ;
Sans toutefois montrer fon fentiment.
Quand il eut fait fon petit compliment ;
Il dit au Roy. Je fçais, Sire, une cache ;
Et ne crois pas qu'autre que moy la fçache.
Or tout trefor par droit de Royauté
Appartient, Sire, à voftre Majefté.
Le nouveau Roy baaille apres la Finance.
Luy-même y court pour n'être pas trompé.
C'eftoit un piege : il y fut attrapé.
Le Renard dit au nom de l'affiftance :
Pretendrois-tu nous gouverner encor,
Ne fçachant pas te conduire toy-mefme ?
Il fut démis : & l'on tomba d'accord
Qu'à peu de gens convient le Diadême.

VII

LE MULET SE VANTANT DE SA GENEALOGIE

Le Mulet d'un Prelat fe piquoit de nobleffe ;
      Et ne parloit inceffamment
      Que de fa mere la Jument,
      Dont il contoit mainte proüeffe.
Elle avoit fait cecy, puis avoit efté là.
      Son fils pretendoit pour cela,
      Qu'on le dût mettre dans l'Hiftoire.
Il eût crû s'abaiffer fervant un Medecin.

Eftant devenu vieux on le mit au Moulin.
Son pere l'Afne alors luy revint en memoire.

    Quand le mal-heur ne feroit bon
    Qu'à mettre un fot à la raifon,
    Toûjours feroit-ce à jufte caufe
    Qu'on le dit bon à quelque chofe.

VIII

LE VIEILLARD ET L'ASNE

Vn Vieillard fur fon Afne apperceut en paffant
  Un pré plein d'herbe & fleuriffant.
Il y lâche fa befte, & le Grison fe ruë
  Au travers de l'herbe menuë,
  Se veautrant, gratant, & frotant,
  Gambadant, chantant, & broutant,
  Et faifant mainte place nette.
  L'ennemy vient fur l'entrefaite,
  Fuyons, dit alors le Vieillard,
  Pourquoy? répondit le paillard,

Me fera-t-on porter double baſt, double charge?
Non pas, dit le Vieillard qui prit d'abord le large.
Et que m'importe donc, dit l'Aſne, à qui je ſois?
    Sauvez-vous, & me laiſſez paiſtre :
    Noſtre ennemy c'eſt noſtre maiſtre :
    Je vous le dis en bon François.

IX

LE CERF SE VOYANT DANS L'EAU

Dans le cryſtal d'une fontaine,
Un Cerf ſe mirant autrefois,
Loüoit la beauté de ſon bois,
Et ne pouvoit qu'avecque peine
Souffrir ſes jambes de fuſeaux,
Dont il voyoit l'objet ſe perdre dans les eaux.
Quelle proportion de mes pieds à ma teſte ?
Disoit-il en voyant leur ombre avec douleur :
Des taillis les plus hauts mon front atteint le faiſte :
Mes pieds ne me font point d'honneur.

Tout en parlant de la forte,
Un Limier le fait partir;
Il tafche à fe garentir;
Dans les forefts il s'emporte.
Son bois dommageable ornement,
L'arreftant à chaque moment,
Nuit à l'office que luy rendent
Ses pieds, de qui fes jours dépendent.
Il fe dedit alors, & maudit les prefens
Que le Ciel luy fait tous les ans.
Nous faifons cas du beau, nous méprifons l'utile;
Et le beau fouvent nous détruit.
Le Cerf blafme fes pieds qui le rendent agile :
Il eftime un bois qui luy nuit.

X

LE LIEVRE ET LA TORTUË

Rien ne fert de courir; il faut partir à point.
Le Lievre & la Tortuë en font un témoignage.
Gageons, dit celle-cy, que vous n'atteindrez point
Si-toſt que moy ce but. Si-toſt? eſtes-vous ſage?
   Repartit l'animal leger.
   Ma commere il vous faut purger
   Avec quatre grains d'ellebore.
   Sage ou non, je parie encore.
   Ainſi fut fait : & de tous deux
   On mit prés du but les enjeux.
   Sçavoir quoy; ce n'eſt pas l'affaire :

Ny de quel juge l'on convint.
Noſtre Lievre n'avoit que quatre pas à faire ;
J'entends de ceux qu'il fait lors que preſt d'eſtre atteint
Il s'éloigne des chiens, les renvoye aux Calendes,
  Et leur fait arpenter les Landes.
Ayant, dis-je, du temps de reſte pour brouter,
  Pour dormir, & pour écouter
 D'où vient le vent ; il laiſſe la Tortuë
  Aller ſon train de Senateur.
  Elle part, elle s'évertuë :
  Elle ſe haſte avec lenteur.
Luy cependant mépriſe une telle victoire ;
  Tient la gageure à peu de gloire ;
  Croit qu'il y va de ſon honneur
 De partir tard. Il broute, il ſe repoſe,
  Il s'amuſe à toute autre choſe
 Qu'à la gageure. A la fin quand il vid
Que l'autre touchoit preſque au bout de la carriere,
Il partit comme un trait ; mais les élans qu'il fit
Furent vains ; la Tortuë arriva la premiere.
Hé bien, luy cria-t-elle, avois-je pas raiſon ?
  Dequoy vous ſert voſtre vîteſſe ?
  Moy l'emporter ! & que feroit-ce
  Si vous portiez une maiſon ?

XI

L'ASNE ET SES MAISTRES

L'asne d'un Jardinier fe plaignoit au deftin
De ce qu'on le faifoit lever devant l'Aurore.
Les Coqs, luy difoit-il, ont beau chanter matin;
  Je fuis plus matineux encore.
Et pourquoi? pour porter des herbes au marché.
Belle neceffité d'interrompre mon fomme!
  Le fort de fa plainte touché
Luy donne un autre Maiftre; & l'Animal de fomme
Paffe du Jardinier aux mains d'un Corroyeur.
La pefanteur des peaux, & leur mauvaife odeur,

Eurent bien-toſt choqué l'impertinente Beſte.
J'ay regret, diſoit-il, à mon premier Seigneur.
        Encor quand il tournoit la teſte,
        J'attrapois, s'il m'en ſouvient bien,
Quelque morceau de chou qui ne me coûtoit rien.
Mais ici, point d'aubeine; ou ſi j'en ay quelqu'une,
C'eſt de coups. Il obtint changement de fortune,
        Et ſur l'eſtat d'un Charbonnier
        Il fut couché tout le dernier.
Autre plainte. Quoy donc, dit le Sort en colere,
        Ce Baudet-cy m'occupe autant
        Que cent Monarques pourroient faire.
Croit-il eſtre le ſeul qui ne ſoit pas content?
        N'ay-je en l'eſprit que ſon affaire?

Le ſort avoit raiſon; tous gens ſont ainſi faits :
Noſtre condition jamais ne nous contente :
        La pire eſt toûjours la preſente.
Nous fatiguons le Ciel à force de placets.
Qu'à chacun Jupiter accorde ſa requeſte,
        Nous luy romprons encor la teſte.

XII

LE SOLEIL ET LES GRENOUILLES

Aux nopces d'un Tyran tout le Peuple en lieſſe
  Noyoit ſon ſoucy dans les pots.
Eſope ſeul trouvoit que les gens eſtoient ſots
  De témoigner tant d'allegreſſe.
Le Soleil, diſoit-il, eut deſſein autrefois
  De ſonger à l'Hymenée.
Auſſi-toſt on oüit d'une commune voix
  Se plaindre de leur deſtinée
  Les Citoyennes des étangs.

Que ferons-nous s'il luy vient des enfans?
Dirent-elles au Sort, un feul Soleil à peine
　　Se peut fouffrir. Une demy-douzaine
Mettra la Mer à fec & tous fes habitans.
Adieu joncs & marefts : Noftre race eft détruite.
　　Bien-toft on la verra reduite
　　A l'eau du Styx. Pour un pauvre Animal,
Grenoüilles à mon fens ne raifonnoient pas mal.

XIII

LE VILLAGEOIS ET LE SERPENT

Esope conte qu'un Manant
  Charitable autant que peu ſage,
Un jour d'Hyver ſe promenant
  A l'entour de ſon heritage,
Apperçût un Serpent ſur la neige étendu,
Tranſi, gelé, perclus, immobile rendu,
  N'ayant pas à vivre un quart d'heure.
Le Villageois le prend, l'emporte en ſa demeure,
Et ſans conſiderer quel fera le loyer
  D'une action de ce merite,

Il l'étend le long du foyer,
Le réchauffe, le reſſuſcite.
L'Animal engourdy ſent à peine le chaud,
Que l'ame luy revient avecque la colere.
Il leve un peu la teſte, & puis ſiffle auſſi-toſt,
Puis fait un long reply, puis tâche à faire un ſaut
Contre ſon bienfaiteur, ſon ſauveur, & ſon pere.
Ingrat, dit le Manant, voila donc mon ſalaire?
Tu mourras. A ces mots, plein d'un juſte courroux
Il vous prend ſa cognée, il vous tranche la Beſte,
Il fait trois Serpens de deux coups,
Un tronçon, la queuë, & la teſte.
L'inſecte ſautillant cherche à ſe reünir,
Mais il ne pût y parvenir.

Il eſt bon d'eſtre charitable :
Mais envers qui, c'eſt là le poinct.
Quant aux ingrats, il n'en eſt point
Qui ne meure enfin miſerable.

XIV

LE LION MALADE ET LE RENARD

De par le Roy des Animaux
Qui dans fon antre eftoit malade,
Fut fait fçavoir à fes vaffaux
Que chaque efpece en ambaffade
Envoyaft gens le vifiter :
Sous promeffe de bien traiter
Les Deputez, eux & leur fuite;
Foy de Lion tres-bien écrite.
Bon paffe-port contre la dent;
Contre la griffe tout autant.

L'Edit du Prince s'execute.
De chaque efpece on luy députe.
Les Renards gardant la maifon,
Un d'eux en dit cette raifon.
Les pas empraints fur la poufliere,
Par ceux qui s'en vont faire au malade leur cour,
Tous fans exception regardent fa taniere;
Pas un ne marque de retour.
Cela nous met en méfiance.
Que fa Majefté nous difpenfe.
Grammercy de fon paffe-port.
Je le crois bon : mais dans cét antre
Je vois fort bien comme l'on entre,
Et ne vois pas comme on en fort.

XV

L'OISELEUR, L'AUTOUR, ET L'ALOÜETTE

    Les injuſtices des pervers
      Servent ſouvent d'excuſe aux noſtres.
      Telle eſt la loy de l'Univers :
Si tu veux qu'on t'épargne, épargne auſſi les autres.
Un Manant au miroir prenoit des Oiſillons.
Le fantoſme brillant attire une Aloüette..
Auſſi-toſt un Autour planant ſur les ſillons,
      Deſcend des airs, fond, & ſe jette

Sur celle qui chantoit, quoy que prés du tombeau.
Elle avoit évité la perfide machine,
Lors que fe rencontrant fous la main de l'oifeau
    Elle fent fon ongle maline.
Pendant qu'à la plumer l'Autour eft occupé,
Luy-mefme fous les rets demeure envelopé.
Oifeleur, laiffe-moy, dit-il en fon langage;
    Je ne t'ay jamais fait de mal.
L'Oifeleur repartit : Ce petit animal
    T'en avoit-il fait davantage?

XVI

LE CHEVAL ET L'ASNE

En ce monde il fe faut l'un l'autre fecourir.
  Si ton voifin vient à mourir,
  C'eft fur toy que le fardeau tombe.
Un Afne accompagnoit un Cheval peu courtois,
Celuy-cy ne portant que fon fimple harnois,
Et le pauvre Baudet fi chargé qu'il fuccombe.
Il pria le Cheval de l'aider quelque peu :
Autrement il mourroit devant qu'eftre à la ville.

La priere, dit-il, n'en eſt pas incivile :
Moitié de ce fardeau ne vous fera que jeu.
Le Cheval refuſa, fit une petarrade ;
Tant qu'il vid fous le faix mourir fon camarade,
  Et reconnut qu'il avoit tort.
  Du Baudet en cette avanture,
  On luy fit porter la voiture,
  Et la peau par deſſus encor.

XVII

LE CHIEN QUI LACHE SA PROYE POUR L'OMBRE

Chacun fe trompe icy bas.
On void courir apres l'Ombre
Tant de fous, qu'on n'en fçait pas
La plufpart du temps le nombre.
Au Chien dont parle Efope il faut les renvoyer.
Ce Chien voyant fa proye en l'eau reprefentée,

La quitta pour l'image, & penſa ſe noyer;
La riviere devint tout d'un coup agitée.
    A toute peine il regagna les bords,
        Et n'eut ny l'ombre ny le corps.

XVIII

LE CHARTIER EMBOURBÉ

Le Phaëton d'une voiture à foin
Vid fon char embourbé. Le pauvre homme eftoit loin
De tout humain fecours. C'eftoit à la campagne
Pres d'un certain canton de la baffe Bretagne
   Appellé Quimpercorentin.
   On fçait affez que le deftin
Adreffe là les gens quand il veut qu'on enrage.
   Dieu nous préferve du voyage.
Pour venir au Chartier embourbé dans ces lieux,
Le voila qui detefte et jure de fon mieux,

   Peſtant en ſa fureur extrême
Tantoſt contre les trous, puis contre ſes chevaux,
   Contre ſon char, contre luy-meſme.
Il invoque à la fin le Dieu dont les travaux
   Sont ſi celebres dans le monde.
Hercule, luy dit-il, aide-moy; ſi ton dos
   A porté la machine ronde,
   Ton bras peut me tirer d'icy.
Sa priere eſtant faite, il entend dans la nuë
   Une voix qui luy parle ainſi :
   Hercule veut qu'on ſe remuë,
Puis il aide les gens. Regarde d'où provient
   L'achopement qui te retient.
   Oſte d'autour de chaque rouë
Ce mal-heureux mortier, cette maudite bouë,
   Qui juſqu'à l'aiſſieu les enduit.
Pren ton pic, & me romps ce caillou qui te nuit.
Comble-moy cette orniere. As-tu fait? Oüy, dit l'homm
Or bien je vais t'aider, dit la voix : pren ton foüet.
Je l'ay pris. Qu'eſt-cecy? mon char marche à ſouhait.
Hercule en ſoit loüé. Lors la voix : Tu vois comme
Tes chevaux aiſément ſe ſont tirez de là.
   Aide-toy, le Ciel t'aidera.

XIX

LE CHARLATAN

Le monde n'a jamais manqué de Charlatans.
  Cette fcience de tout temps
  Fut en Profeffeurs tres-fertile.
Tantoft l'un en Theatre affronte l'Acheron :
  Et l'autre affiche par la ville
  Qu'il eft un Paffe Ciceron.

Un des derniers fe vantoit d'eftre
En Eloquence fi grand maiftre,
Qu'il rendroit difert un badaut,
Un manant, un ruftre, un lourdaut,
Oüy, Meffieurs, un lourdaut; un Animal, un Afne :
Que l'on m'ameine un Afne, un Afne renforcé;
Je le rendrai maiftre paffé ;
Et veux qu'il porte la foutane.
Le Prince fçeut la chofe : il manda le Rheteur.
J'ay, dit-il, en mon écurie
Un fort beau Rouffin d'Arcadie :
J'en voudrois faire un Orateur.
Sire, vous pouvez tout, reprit d'abord nôtre homme.
On luy donna certaine fomme.
Il devoit au bout de dix ans
Mettre fon Afne fur les bancs :
Sinon il confentoit d'eftre en place publique
Guindé la hare au col, étranglé court & net,
Ayant au dos fa Rhétorique,
Et les oreilles d'un Baudet.
Quelqu'un des Courtifans luy dit qu'à la potence
Il vouloit l'aller voir; & que pour un pendu
Il auroit bonne grace, & beaucoup de preftance :
Sur tout qu'il fe fouvinft de faire à l'affiftance
Un difcours pathetique, & dont le formulaire
Servift à certains Cicerons
Vulgairement nommez larrons.
L'autre reprit : Avant l'affaire
Le Roy, l'Afne, ou moy nous mourrons.

Il avoit raison C'eſt folie
De compter ſur dix ans de vie.
Soyons bien beuvans, bien mangeans,
Nous devons à la mort de trois l'un en dix ans.

XX

LA DISCORDE

La Deeſſe Diſcorde ayant broüillé les Dieux,
Et fait un grand procés là haut pour une pomme;
  On la fit déloger des Cieux.
   Chez l'Animal qu'on appelle Homme
   On la receut à bras ouverts,
   Elle, & Que-ſi que-non ſon frere,
   Avecque Tien-&-mien ſon pere,
Elle nous fit l'honneur en ce bas Univers
   De preferer noſtre Hemiſphere
A celuy des mortels qui nous ſont oppoſez :

Gens groffiers, peu civilifez,
Et qui fe mariant fans Preftre & fans Notaire,
De la Difcorde n'ont que faire.
Pour la faire trouver aux lieux où le befoin
Demandoit qu'elle fût prefente,
La Renommée avoit le foin
De l'avertir; & l'autre diligente
Couroit vifte aux debats, & prevenoit la paix,
Faifoit d'une etincelle un feu long à s'éteindre.
La Renommée enfin commença de fe plaindre
Que l'on ne luy trouvoit jamais
De demeure fixe & certaine.
Bien fouvent l'on perdoit à la chercher fa peine.
Il faloit donc qu'elle euft un fejour affecté,
Un fejour d'où l'on pûft en toutes les familles
L'envoyer à jour arrefté.
Comme il n'eftoit alors aucun Convent de Filles,
On y trouva difficulté.
L'Auberge enfin de l'Hymenée
Luy fut pour maifon affinée.

XXI

LA JEUNE VEUVE

La perte d'un époux ne va point fans foûpirs.
On fait beaucoup de bruit, & puis on se confole.
Sur les aifles du temps la trifteffe s'envole;
   Le temps rameine les plaifirs.
   Entre la Veuve d'une année,
   Et la Veuve d'une journée,
La difference eft grande. On ne croiroit jamais
   Que ce fuft la mefme perfonne.
L'une fait fuïr les gens, & l'autre a mille attraits.
Aux foûpirs vrais ou faux celle-là s'abandonne :

C'eſt toûjours meſme note, & pareil entretien :
> On dit, qu'on eſt inconſolable ;
> On le dit, mais il n'en eſt rien ;
> Comme on verra par cette Fable,
> Ou pluſtoſt par la vérité.
> L'Epoux d'une jeune beauté

Partoit pour l'autre monde. A ſes coſtez ſa femme
Luy crioit, Attends-moy ; je te ſuis ; & mon ame
Auſſi bien que la tienne, eſt preſte à s'envoler.
> Le Mary fait ſeul le voyage.

La Belle avoit un pere homme prudent & ſage :
> Il laiſſa le torrent couler.
> A la fin pour la conſoler,

Ma fille, luy dit-il, c'eſt trop verſer de larmes :
Qu'a beſoin le défunt que vous noyez vos charmes ?
Puiſqu'il eſt des vivans, ne ſongez plus aux morts.
> Je ne dis pas que tout à l'heure
> Une condition meilleure
> Change en des nopces ces tranſports :

Mais apres certain temps ſouffrez qu'on vous propoſe
Un époux beau, bien fait, jeune, & tout autre choſe
> Que le défunt. Ah ! dit-elle auſſi-toſt,
> Un Cloiſtre eſt l'époux qu'il me faut.

Le pere luy laiſſa digerer ſa diſgrace.
> Un mois de la ſorte ſe paſſe.

L'autre mois, on l'employe à changer tous les jours
Quelque choſe à l'habit, au linge, à la coiffure.
> Le deüil enfin ſert de parure,
> En attendant d'autres atours,

Toute la bande des Amours
Revient au colombier : les jeux, les ris, la danfe
Ont auffi leur tour à la fin.
On fe plonge foir & matin
Dans la fontaine de Jouvence.
Le Pere ne craint plus ce défunt tant chery.
Mais comme il ne parloit de rien à noftre Belle,
Où donc eft le jeune mary
Que vous m'avez promis, dit-elle?

EPILOGVE

Bornons icy cette carriere.
Les longs ouvrages me font peur.
Loin d'épuiſer une matiere
On n'en doit prendre que la fleur.
Il s'en va temps que je reprenne
Un peu de forces & d'haleine
Pour fournir à d'autres projets.
Amour ce tyran de ma vie
Veut que je change de ſujets;
Il faut contenter ſon envie.

Retournons à Pfiché : Damon vous m'exhortez
A peindre fes mal-heurs & fes felicitez.
J'y confens : peut-eftre ma veine
En fa faveur s'échauffera.
Heureux fi ce travail eft la derniere peine
Que fon époux me caufera !

FIN DE LA SECONDE PARTIE

TABLES

TABLE

DES FABLES ET DES EAUX-FORTES

CONTENUES

DANS LE PREMIER VOLUME

	Pages.
Portrait de La Fontaine *(Eau-forte)*	FRONTISPICE
Notice	v
Maifon de La Fontaine à Château-Thierry *(Eau-forte)* . . .	vi
Château de Vaux *(Eau-forte)*	viii
A Monfeigneur le Dauphin	xi
Préface	xv
La Vie d'Efope le Phrygien	xxiii

LIVRE PREMIER

A Monfeigneur le Dauphin		3
Fable I.	— La Cigale & la Fourmy	5
— II.	— Le Corbeau & le Renard *(Eau-forte)* . . .	7

		Pages.
Fable III.	— La Grenouille qui fe veut faire auffi groffe que le Bœuf	9
— IV.	— Les deux Mulets.	11
— V.	— Le Loup & le Chien *(Eau-forte)*.	13
— VI.	— La Geniffe, la Chevre & la Brebis, en focieté avec le Lion.	16
— VII.	— La Beface.	18
— VIII.	— L'Hirondelle & les petits Oyfeaux *(Eau-forte)*	20
— IX.	— Le Rat de ville & le Rat des champs.	23
— X.	— Le Loup & l'Agneau *(Eau-forte)*	25
— XI.	— L'Homme & fon Image	27
— XII.	— Le Dragon à plufieurs teftes & le Dragon à plufieurs queues	29
— XIII.	— Les Voleurs & l'Afne.	31
— XIV.	— Simonide prefervé par les Dieux.	33
— XV.	— La Mort & le Mal-heureux	37
— XVI.	— La Mort & le Bufcheron	39
— XVII.	— L'Homme entre deux âges & fes deux Maîtreffes	41
— XVIII.	— Le Renard & la Cigogne *(Eau-forte)*.	43
— XIX.	— L'Enfant & le Maiftre d'ecole.	45
— XX.	— Le Coq & la Perle *(Eau-forte)*	47
— XXI.	— Les Frelons & les Mouches à miel.	49
— XXII.	— Le Chefne & le Rozeau	51

LIVRE DEUXIÈME

Fable I.	— Contre ceux qui ont le gouft difficile.	55
— II.	— Confeil tenu par les Rats.	58
— III.	— Le Loup plaidant contre le Renard pardevant le Singe	60
— IV.	— Les deux Taureaux & une Grenoüille *(Eau-forte)*.	62
— V.	— La Chauvefouris & les deux Belettes.	64

		Pages.
Fable VI.	— L'Oyſeau bleſſé d'une fléche *(Eau-forte)*..	66
— VII.	— La Lice & ſa compagne..........	68
— VIII.	— L'Aigle & l'Eſcarbot..........	70
— IX.	— Le Lion & le Moucheron.........	73
— X.	— L'Aſne chargé d'éponges & l'Aſne chargé de ſel................	76
— XI.	— Le Lion & le Rat *(Eau-forte)*......	78
— XII.	— La Colombe & la Fourmy........	78
— XIII.	— L'Aſtrologue qui ſe laiſſe tomber dans un puits...............	81
— XIV.	— Le Lievre & les Grenoüilles *(Eau-forte)*..	84
— XV.	— Le Coq & le Renard..........	86
— XVI.	— Le Corbeau voulant imiter l'Aigle *(Eau-forte)*	88
— XVII.	— Le Pan ſe plaignant à Junon *(Eau-forte)*.	90
— XVIII.	— La Chate metamorphoſée en femme....	92
— XIX.	— Le Lion & l'Aſne chaſſant........	95
— XX.	— Teſtament expliqué par Éſope......	97

LIVRE TROISIÈME

Fable I.	— Le Meuſnier, ſon Fils, & l'Aſne *(Eau-forte)*	103
— II.	— Les Membres & l'Eſtomach.......	107
— III.	— Le Loup devenu berger.........	110
— IV.	— Les Grenoüilles qui demandent un roy *(Eau-forte)*.............	112
— V.	— Le Renard & le Bouc..........	115
— VI.	— L'Aigle, la laye, & la Chate *(Eau-forte)*..	117
— VII.	— L'Yvrogne & ſa Femme.........	120
— VIII.	— La Goute & l'Araignée..........	122
— IX.	— Le Loup & la Cigogne..........	125
— X.	— Le Lion abattu par l'Homme.......	127
— XI.	— Le Renard & les Raiſins *(Eau-forte)*...	129
— XII.	— Le Cigne & le Cuiſinier.........	130
— XIII.	— Les Loups & les Brebis.........	132

			Pages.
Fable XIV.	—	Le Lion devenu vieux *(Eau-forte)*	134
— XV.	—	Philomele & Progné	136
— XVI.	—	La Femme noyée	138
— XVII.	—	La Belette entrée dans un grenier	140
— XVIII.	—	Le Chat & un vieux Rat *(Eau-forte)*	142

LIVRE QUATRIÈME

Fable I.	—	Le Lion amoureux	147
— II.	—	Le Berger & la Mer *(Eau-forte)*	150
— III.	—	La Mouche & la Fourmy	152
— IV.	—	Le Jardinier & fon Seigneur	155
— V.	—	L'Afne & le Petit Chien	158
— VI.	—	Le Combat des Rats & des Belettes	160
— VII.	—	Le Singe & le Daufin *(Eau-forte)*	163
— VIII.	—	L'Homme & l'Idole de bois	166
— IX.	—	Le Geay paré des plumes du Pan	168
— X.	—	Le Chameau, & les Baftons flotans	170
— XI.	—	La Grenoüille & le Rat *(Eau-forte)*	172
— XII.	—	Tribut envoyé par les animaux à Alexandre	175
— XIII.	—	Le Cheval s'eftant voulu vanger du Cerf	179
— XIV.	—	Le Renard & le Bufte *(Eau-forte)*	181
— XV.	—	Le Loup, la Chevre, & le Chevreau	183
— XVI.	—	Le Loup, la Mere & l'Enfant *(Eau-forte)*	183
— XVII.	—	Parole de Socrate	187
— XVIII.	—	Le Vieillard & fes Enfants	189
— XIX.	—	L'Oracle & l'Impie	192
— XX.	—	L'Avare qui a perdu fon trefor	194
— XXI.	—	L'Œil du Maiftre	197
— XXII.	—	L'Alouette & fes Petits, avec le Maiftre d'un champ *(Eau-forte)*	200

LIVRE CINQUIÈME

Fable I.	—	Le Bufcheron & Mercure	207
— II.	—	Le Pot de Terre & le Pot de Fer *(Eau-forte)*	211
— III.	—	Le Petit Poiffon & le Pefcheur *(Eau-forte)*	213

TABLE DU PREMIER VOLUME.

		Pages.
Fable IV.	— Les Oreilles du Lievre	215
— V.	— Le Renard ayant la queuë coupée	217
— VI.	— La Vieille & les deux Servantes *(Eau-forte)*	219
— VII.	— Le Satyre & le Paſſant	221
— VIII.	— Le Cheval & le Loup	223
— IX.	— Le Laboureur & ſes enfans	225
— X.	— La Montagne qui accouche *(Eau-forte)* . .	227
— XI.	— La Fortune & le jeune Enfant	229
— XII.	— Les Medecins	231
— XIII.	— La Poule aux œufs d'or	232
— XIV.	— L'Aſne portant des reliques	234
— XV.	— Le Cerf & la Vigne *(Eau-forte)*	236
— XVI.	— Le Serpent & la Lime	238
— XVII.	— Le Lièvre & la Perdrix	240
— XVIII.	— L'Aigle & le Hibou *(Eau-forte)*	242
— XIX.	— Le Lion s'en allant en guerre	245
— XX.	— L'Ours & les deux Compagnons	247
— XXI.	— L'Aſne veſtu de la peau du Lion	250

LIVRE SIXIÈME

Fable I.	— Le Pâtre & le Lion *(Eau-forte)*	255
— II.	— Le Lion & le Chaſſeur	255
— III.	— Phœbus & Borée	259
— IV.	— Jupiter & le Métayer	262
— V.	— Le Cochet, le Chat & le Souriceau *(Eau-forte)*	264
— VI.	— Le Renard, le Singe & les Animaux	267
— VII.	— Le Mulet ſe vantant de ſa genealogie . . .	269
— VIII.	— Le Vieillard & l'Aſne	271
— IX.	— Le Cerf ſe voyant dans l'eau *(Eau-forte)* . .	273
— X.	— Le Lievre & la Tortuë *(Eau-forte)*	275
— XI.	— L'Aſne & ſes Maiſtres	277
— XII.	— Le Soleil & les Grenouilles	279
— XIII.	— Le Villageois & le Serpent *(Eau-forte)* . . .	281

		Pages.
Fable XIV.	— Le Lion malade & le Renard	283
— XV.	— L'Oifeleur, l'Autour & l'Aloüette	285
— XVI.	— Le Cheval & l'Afne	287
— XVII.	— Le Chien qui lâche fa proye pour l'ombre .	289
— XVIII.	— Le Chartier embourbé *(Eau-forte)*.	291
— XIX.	— Le Charlatan	293
— XX.	— La Difcorde.	296
— XXI.	— La Jeune Veuve.	298
Epilogue		301

FIN DE LA TABLE DU PREMIER VOLUME

www.ingramcontent.com/pod-product-compliance
Lightning Source LLC
Chambersburg PA
CBHW060605170426
43201CB00009B/908